「展晴光輝廿五載」

目 錄

序

《「展晴社」照亮每一位 新來的同路人》

世界衛生組織在 2021 年 3 月發表了癌病在 2020 年最新的數據，以癌症新病例而言，乳癌已是全球排行第一的癌症。現時，乳癌在香港每年的新病例超過 4600 宗，在過去十年間增長了 77%。

現今乳癌的診斷和治療，不單是醫護人員及病患者的範圍，而是需要市民大眾的共同努力，才可以達到最優質的臨床效果。癌症的分期期數越早，病患的存活率越高，故此及早發現癌症，對治療有着積極的意義。

另外，現時癌症治療涉及到多種範疇，其中包括手術、化療、標靶藥物、放射治療，紓緩治療等等。箇中的治療流程非常複雜，絕不容易明白，市民大眾確實會有不少的疑惑和誤解，甚至乎影響了求醫的決定。

大量的臨床研究證明，具有充沛社會支援型的乳癌患者相比社會孤單型的乳癌患者，生命存活率會較高，壽命也較長久，生活質素也更好。

「展晴社」是我從第一天在東區醫院腫瘤科工作就認識的乳癌同行者義工組織。「展晴社」的姊妹們以同路人或過來人

宋崧 醫生

東區尤德夫人那打素醫院
臨床腫瘤科部門主管暨顧問醫生

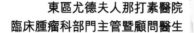

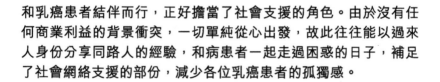

和乳癌患者結伴而行，正好擔當了社會支援的角色。由於沒有任何商業利益的背景衝突，一切單純從心出發，故此往往能以過來人身份分享同路人的經驗，和病患者一起走過困惑的日子，補足了社會網絡支援的部份，減少各位乳癌患者的孤獨感。

「展晴社」的貢獻不單對患者存活率，壽命和生活質素帶來了正面影響，而且更能以生命影響生命，讓正能量發光發熱，像陽光照遍幽暗的地方，驅散黑暗，迎來光明的生命前程。

在此謹祝福「展晴社」25 周年慶典快樂，也感謝每一位義工的參與和其所付出的陽光，繼續照亮每一位新來的同路人，開展晴朗的每一天。

謝謝！

《與展晴一起成長》

展晴社自上世紀九十年代開始成長。這也是自己作為腫瘤科醫生的成長時期。所以,我們實在是互相陪伴,一起成長。

讀了《人生路上遇彩虹》,勾起我不少回憶和感受。當中的主角,大部份我都認識。這名題也起得真好,因它正代表了「展晴社」。

展晴社是乳癌病者患難中的同路人,心靈上的安慰。羅芫杏(阿靚)作了很好的示範。最深印象是她喜歡以自己親手煲的靚湯,去關懷支持病友,一切盡在不言中。

展晴會員大都是嬌小的女性,可都是勇者。吳幼芳 Yvonne 的大無畏及永不放棄的精神,令人佩服。另外,即使在病中,她總是記掛別人多於自己,忘了她自己才是要受照顧的人。這些看似平凡的女士,其實是生命中的強者。

展晴社的另一奇妙之處,是令人發揮自己也不知道的潛能。鄭楚楚怎會想到,從未執過畫筆的她,竟可成為繪畫老師!黃玉霞及姚崢,展示了展晴的另一特色,就是把一切化為祝福。因著展晴的支持和陪伴,她們把自己過去的不快遭遇,成為別人的祝福和推動力。

楊美雲 醫生

東區尤德夫人那打素醫院
臨床腫瘤科顧問醫生

因著展晴社，雖患癌是不幸，卻可以變成善緣。王啟仁，作為男士而患上乳癌，在一般人眼中，是不幸中之不幸，可是，他卻因此在展晴找到另一半，太美妙了！

最後那個故事《延續。傳承》，很有意思。小穎然因著媽媽的關係，也與展晴結了緣。我對她媽媽有很深印象。多年以前，我部門參加「齊步上怡廈」籌款活動。當時她媽媽仍在病中，卻能成功帶著穎然和她三歲的弟弟，一起步上差不多五十層樓高的怡和大廈！

真的，有些更珍貴和永恆的東西，是不會被癌症打倒的。我相信，這也是展晴社給我的印象。我自己也在不斷學習這精神。

在這展晴社 25 周年的當兒，我們為它欣喜，感謝展晴社一直為乳癌病者的貢獻，並希望這道彩虹一直傳承下去。

願彼此共勉！

《互助。心連心》

展晴社（下稱展晴）是社區及病人資源部最早發展的四個病人互助組之一。

展晴最令我難忘的，就是經常有一群又醒目、又有活力、又願意為展晴東奔西跑的組員。雖然我們統稱他們為「姊妹」，當中也不乏男士會員及他們的家人呢！

幾年前，我調往癌症病人資源中心工作，常與展晴籌委會開會。它很有動力，各委員就展晴的發展會提出很多不同意見。可幸的是，不同意見卻能夠促成彼此坦誠溝通，增加互相了解及體諒，化危為機；而背後正是一份對展晴的「着緊」，視展晴是他們的家。

每一個組員都是寶貴的資源，用得其所就能百花齊放，使乳癌互助網絡茁壯成長。 他們的正能量，細心服務及體貼的關懷，建立一個有情有義的支援網，牽著乳癌病人的手，使他們在抗癌路上不感孤單。

寫這篇感言時，正舉行 2020 東京奧運（2021 年炎夏），每個拿獎牌的運動員都堅韌不拔，刻服了無數困難，才有今天的成就。今天，金牌也屬於展晴及眾姊妹，經歷高低起跌，

黃婉容 (Rebecca)

東區尤德夫人那打素醫院
社區及病人資源部部門主管

仍無畏無懼，上下一心，在抗癌路上並肩前行。

展晴的使命及未來，有賴姊妹們繼續努力。在醫院內夥拍醫護團隊及資源中心一起為乳癌病人提供優質的服務，在社區可以集結力量，與志同道合者推動乳癌教育、關注乳癌復康者持續服務及就癌症政策發表意見。

二十五年的歲月，留下無數助人互助的美麗動人故事，祝願展晴為更多乳癌病人及家屬帶來信心、希望和友愛。

羅莎莉 Sally Lo, BBS, MBE

香港癌症基金會創辦人及總幹事
Founder and Chief Executive
Hong Kong Cancer Fund

《相扶相助》
Together, we'll move forward

「展晴光輝廿五載」！本會很榮幸由 2005 年起為展晴社提供專業支援，亦很高興見證著展晴社茁壯成長，走過四分之一世紀，以朋輩力量幫助乳癌及婦科癌患者及其家人活得更好。

同病相遇，除了相憐，更應相愛、相扶、相助。而女性癌症的患者往往會遇上不同挑戰，或會影響她們的健康、心靈、外表、自身價值、家庭、社交和工作。

閱罷《展。晴》中的七彩人生故事，我深深地被每一位乳癌患者在各自的抗癌經歷上的勇氣和堅毅感動。而書中還有健康資訊、專業關護團隊支援貼士、照顧者及義工分享等等，讓大眾對乳癌的認識有更全面的瞭解。

朋輩支援對癌症患者非常重要。患者能夠與相同經歷、真正明白自己的同路人分享、交流經驗，除了可以消除疑惑之外，更可增強信心和得到安慰，明白自己並非孤軍作戰，感受到抗癌路上不孤單。

感謝展晴社製作了這本意義非凡的書籍，「展」現了自助組織無私助人的熱誠和如何從陰霾中走向「晴」朗的正向精神。謹代表香港癌症基金會仝人，祝賀展晴社成立 25 周年，就讓我們同心，改寫更多有需要人士的生命。

This year marks the 25th anniversary of The Brightening Association! We are honoured to have been providing professional cancer support to the Association since 2005. I am incredibly thrilled to witness the growth of the Association over the past decades, enabling people affected by female cancers to live a better life through the power of peer support.

People who have gone through similar, first-hand experiences should come together, and help and love each other along their cancer journey from newly diagnosis, treatment, recovery and survivorship. Female cancer patients may face many life challenges ranging from health concerns, emotional distress, body-image and self-esteem issues, to family relationship and general social commitments.

After reading the stories recorded in this book, I am inspired by the courage and perseverance of each breast cancer patient and their experiences are very moving. This book is very resourceful, as it contains the latest health information; professional cancer support tips; sharing by caregivers, volunteers and more, that will help provide a more comprehensive understanding of breast cancer.

Peer support is of the utmost importance to cancer patients. Having the support of one who has been through a similar experience helps remove doubt, allows for greater empathy through sharing and helps boost self-confidence. It is a great comfort to patients, knowing that someone has been in their shoes and no one needs to face cancer alone.

I would like to express my gratitude to The Brightening Association for producing this remarkable book and sharing the positive spirit and passion of helping others. On behalf of Hong Kong Cancer Fund, I congratulate you on the 25 years of wonderful service and the many accomplishments of the Association. Let us all united as one and to continue making a life-changing difference to the lives of anyone in need.

《跨過難關》

病、痛，人人都希望遠離，癌，更加猶如跟死亡拉近距離，讓人望而生畏，要經歷痛苦的治療過程，能勇敢樂觀面對，則令人佩服。

閱讀「展晴社」的簡歷以及組員的文章，深深感受到他們面對的困難，以及互相扶持的那份愛，將困難轉化成希望。

他們走過漫長的道路，相比自己在幾年前成立的「無障礙劇團」，就變得初生嬰孩般幼嫩。當初想到成立這個集合不同障別人士的劇團，純粹因為偶然認識一位聾人組織的義工，刺激我們想想如何利用戲劇，讓他們發揮所長，結果在多人熱心眾志成城下，搭建了這個平台，透過戲劇訓練及演出，增強自信，讓健全與障別人士共處共融。

幾年的歲月，遇過不少困難及風雨，每次都在考驗我們的應變能力及 EQ，縱然真的很辛苦，被吸走很多能量，但看著不少學員的成長及改變，看著有些人本來困起自己，有些人甚至曾經有自殺念頭，及後在團內重拾自信，拓闊朋友圈子，重新走出來，是我們最大的滿足及安慰。

魏綺珊

糊塗戲班行政總監
無障礙劇團創辦人

「展晴社」現任主席 Roberta，就是我們其中一期的學員，印象中初次見面，她經常笑容滿面，後期她主動分享自己患癌的經歷，及後更在演出擔任編劇時，加上這段自身經歷，分享如何在難關中尋出路，提起一直扶持及陪伴左右的丈夫，那股甜絲絲不期然流露，畢竟走過治療之路，家人的同行及關顧是最重要。

人生總會在意想不到的時候爆出難關，第一時間總會感到惶恐無助，總會怒問蒼天為何偏偏選中我。苦難，是每個人必然會遇到，痛苦後品嚐的美果令人特別珍惜。有暗才凸顯光、有苦才凸顯甜。祝願香港有更多類似「展晴社」的組織，發揮互助互愛精神。

《由「愛」出發》

偶爾在一個活動中認識了郭蘭香（蘭子），當時他們是來表演一段話劇，因為自己都是劇團出身，所以對他們特別留意。她那親切的笑容，令我印象深刻，完全想像不到她原來是個乳癌病患者，而且是乳癌病人互助組織「展晴社」的主席，我們的緣份便是由這裡開始。

原來現在十四人當中便有一個女性患上乳癌，而且還有上升趨勢，這數字確實令我有點震驚，也是對女性很大沖擊。很多女性的自我價值和信心，大部分是來自身體外觀和才能，而乳房和頭髮是女性外表的其中一大性徵，感覺不完美的女性，會否介意伴侶想法，感覺會被嫌棄？乳癌患者會如何面對這些心理關口？

還幸有病人互助組織，可以帶給病者支持。很喜歡「展。晴」兩字，代表著「展現希望」和有「美好晴天」的意思，彷彿把病者在沉痛苦難中，帶來曙光，從新得到力量。25年歷史，行得不易，她們以愛心承傳，勇敢面對，積極分享，這點讓我反思以往的自己，遇到問題時可能會選擇逃避，但見她們的積極態度，讓我明白應該是要面對和解決問題，真的很欣賞她們！

楊詩敏（蝦頭）

影視舞台演員

書中有著不同類型的主題，由展晴社的歷史，各專業人士從不同角度分享他們的慧言雋語，人生路上遇彩虹的故事等，不禁佩服他們在病患中，仍能以樂觀態度面對疾病，令人感到很大鼓勵。彩虹故事把每個人的背景，每個真實故事，用戲劇形式演繹出來，很是別出心裁的表達方式；箇中故事，如像彩虹，色彩繽紛，讓人賞心悅目。除病患者外，還有照顧者的分享，容易被忽略的一群照顧者，也有他們的艱辛。書中能全面地提及各方的難處分享，讓彼此能在困境中，互相支持，不覺孤單，共渡時艱，實在令人感動。

其實有病沒病，都應該要多些了解自己；無論是好是壞，當以感恩的心去面對。以前的我常活在尋覓當中，現在我會學習去愛和欣賞自己，並希望以自己小小的一點愛，如水中漣漪，由中心開始產生愛的原動力，再去感染身邊的每一個人。每個人的一生，都有不同的經歷，讓我們能互相影響，增加愛的能量；希望大家互相支持，對乳癌多一點關注。

在此祝賀「展晴社」銀禧紀念，祝福每位讀者都有色彩人生，盼望我們一起由「愛」出發，大家都能活出精彩而快樂的人生！

《展晴的轉化與力量》

很高興「展晴社」25周年了。由開始時祇有數名病友的小組，至今已發展成為一個有實力的病友服務組織，是一股來自朋輩的力量，為乳癌病患者和家人帶來適切的關懷與心理支援。因應著這年受疫情的影響，不能常常探訪和組織活動，這次出書，卻能為病友們帶來訊息和鼓勵。當然這本書也正好收集了大家的心聲，也回顧著二十五年來的點點滴滴。

猶記在 1995 年初，社區及病人資源部成立初期，醫護團隊和癌症病人資源中心銳意為病人建立更多資源，一致認定病友間的關懷，是病人歷程中非常重要的元素。那時由資源中心主任鄧姑娘開始，以乳癌病人的成長小組為基礎，及後聚集了更多病友和家屬，倡議她們成立互助組織，並以資源中心作為後盾，支援組織的發展。

這麼多年來，展晴社在眾人的努力下，不斷的發展和長大。欣賞展晴社的「姊妹」們，在患病過程中真摯的互相關心，將患病所體會的苦痛，轉化為關心病友的力量。展晴姊妹憑藉過來人的經驗，組織了大大小小的義工隊，有著各式各樣關懷與資訊，協助新來的患病者，又或是復發者，積極面對並適應病患與治療。就像書內的七個「紅橙黃綠青藍紫」的

黃敏櫻（Daisy）

港島東醫院聯網
社區服務 榮譽顧問

故事，顯現姊妹們在服務病友的心，跨越自己的心理障礙，善用過來人的關懷，與病友在過程中一起找到甘甜，增加對治病的領會。有些在參與過程中遇上好的參照，對生命有了另類的看法，豁然開朗，掌握另類的珍惜。因著不斷的學習與更新，由病友與家屬們轉變成為義工，再蛻變為助人的天使，服務的初心仍是熾熱。就是這些互助互愛的精神，真實地體現了人間有情。展晴也成為東區醫院乳癌病人的最佳拍檔。

然而，一個由病友和家屬們為骨幹的組織，發展過程並沒有相象中那麼容易。由小組獨立到義工訓練，由註冊到服務發展，跌跌宕宕，兜兜轉轉，屢敗屢戰。展晴憑藉的，是姊妹們的奉獻和承擔。一代又一代的領袖們有著不同的風格，善用並融合義工們的能力，帶領展晴的每個發展階段，實現了不斷的進步和改革。那怕是小小的力量，都被連結起來，為展晴再行前一步。

很慶幸目睹了展晴的承傳，大家都為展晴的貢獻和努力感到驕傲！在發展歷程上，調整步伐，求同存異，鍥而不捨，為的是目標仍是一致，助人的意願未曾減退，服務的初心仍是熾熱。

祝願姊妹們平安健康，繼續努力，心想事成！

《色彩人生 關愛伴隨 》

最近上了一個課程，叫「談生論死」，其中一節的課題是：如果生命只餘下有限時間，大家會做些什麼？開始抽籤時候，大家都很緊張，當時我抽到生命只餘 1 年時間，暗忖這丁點時間能做甚麼？誰知當大家展示手中籤的時候，乍見有些是 3 個月，甚至有些只有 24 小時，正在抱怨的內心倏然覺得很感恩，原來自己是身在福中不知福；忽然間，腦海浮現了 2015 年聖誕節前的一些情景，時光恍惚倒流……

一個正當準備過退休生活的師奶，於 2015 年 11 月 20 日晚在洗澡的時候，發覺自己身體上似乎有片硬塊，經過一連串的檢查、檢查、再檢查之後，終於同年 12 月 18 日確診了，並於平安夜那天動了手術，直到大除夕才出院，過了一個不一樣的聖誕節。

記得當醫生宣告確診那一刻，像是天要塌下來！眼淚不受控制，泣不成聲，也無瑕再問醫生關於自己的情況，因除了哭之外，已不知道該做什麼；只由丈夫和醫生商討手術事宜。離開病房後，有位姑娘出來安慰我，並介紹我們去東座一樓的癌症病人資源中心。

剛巧他們有慶祝聖誕聯歡活動，真的與我這時的心情有著強烈的對比。有位義工見我這樣哭個不停，也特意留下來和我們交談，原來她也是過來人，和我分享了她的經驗，並給予支持和鼓勵，立時心情也舒緩了下來。

回想起來，做義工幫人的初心，可能就在這次經歷中建立

起來，很感謝這位義工，實在給我一個很大的影響，因為在病癒後，我也擔當起義務工作。

恐懼 — 是因為不知前面的路會如何？

感恩 — 是因為有同路人的經驗分享！

手術前後日子，得到很多朋友來醫院探望和陪伴，實在使我感受到滿滿的愛，甚至在化療及打提升白血球針期間，都有不同的朋友相伴。如此山長水遠來陪我去附近診所打針，為的只是擔心我在途中會遇上什麼問題，怕我有事時無人在旁，這是多麼令人感動！無論是兒時青梅竹馬的姊妹，還是新舊相識的朋友，都讓我感受到全被愛包圍，有種被愛溶化的感覺。感謝每位在我最艱難時期，給我最大的支持和安慰。

經歷了與癌魔搏鬥的日子，明白到病人面對癌症時的痛苦；那種無助、晴天霹靂的日子，幸好遇着過來人的開解，同路人的關懷，才讓自己能夠站起來，重新投入生活。也感恩有同路人的同行，讓自己能在病患中，得著鼓勵，現在病好了，亦希望把自己經歷，與人分享。

在人生的下半場，改變了我的一生，現在加入了義工行列，希望以小小一點光，去燃亮別人的生命，幫助他們重拾希望！

展晴社由最初只有幾位乳癌病人的小組，到成為一個病人互助組織，經過了四份之一個世紀，至今會員已超過六百多人。在這特別的銀禧紀念日子，希望將病友經歷、相關資料和我們的

經驗結集成書，以提高社會人士對病人組織的關注，對病友加以鼓勵和支持。

我們以自身的經歷，去扶持一班和我們有相同經歷的人，用生命影響生命。無論遇到任何事情，都要保持樂觀態度，只要緊記今日不放棄，奇蹟就可能會在下一秒出現，就好像風雨過後見彩虹！

常言道：「塞翁失馬，焉知非福！」

我感恩有這個病，可以讓我學會放慢腳步，欣賞沿途的風景。可以讓我認識同路人，用自己的經歷，與各姊妹同行。就如從未想過會寫篆書毛筆字，可以出展覽；也沒想過會去學習戲劇，還能身兼編劇、導演和演員，可以去演出；有幸得著各會員的愛戴選為主席，得到委員會的支持，讓我有機會在這 25 周年的特別日子，可以出書回顧「展晴社」的發展，以作分享，非常感謝各位的鼓勵。

22

本書內容紀錄了本會走過的日子，透過其中七位會員自身經歷，編寫了以七色彩虹為題的故事，遊走於 25 年來不同生命的軌跡。

由病患者到照顧者的分享，丈夫照顧的背後是一段關係的堅持、承諾、不離不棄的愛；對子女而言，照顧則是孝道，回饋父母親；對姐妹來說，是親情關係的昇華；而對自己，是發現自身才能特質的契機。

此外，本書更收錄各界支援小貼士的慧言雋語、中西醫座談會、義工經驗分享等等，讓大家可以從不同方面認識乳癌。

本書由構思，策劃、籌備過程到順利出版，雖然困難重重，

特別在疫情底下，舉步維艱，還幸得到多位專業人士的相助，提供各專業知識，無言感激！此外，感謝各位姊妹無私奉獻的支持，各位義工和好朋友的仗義相助，為本書出力，校對，給予意見，楚楚為本書提供粉彩繪畫。最後，特別感謝丈夫的支持和愛護，他在我人生最難過的時候，仍然不離不棄，這是我的幸福，也是我的幸運！

人生有苦難，經歷苦難的洗練後，對生命會有新的啟迪，更懂得安慰在患難中的人。

人生有使命，帶著使命的鑰匙走，在人與人之間作橋樑，能將咒詛化為別人的祝福。

人生總無常，所以要懂得珍惜；人生有甜酸苦辣，但有同路人陪伴，正如會歌其中幾句歌詞所云：「世界色彩繽紛，不過也有灰暗，明白冷暖交替，便叫人生。學會打開心窗，找到你我方向，存活每天充滿樂暢。」祝願大家都能找到光輝人生！

『展翅高飛勇無懼，
晴天再現樂無窮！』

郭蘭香（蘭子）

展晴社主席

第一章

展晴歷史話當年

最初的成立

1993年，東區尤德夫人那打素醫院（下稱「東區醫院」）成立。營運初期，院方接收了不同類型病患的新症。病人在醫院接受治療期間，面對著眾多的未知數，恐懼與擔憂，難免感到前路未明。而醫院方面亦意識到病人的心理，是會有一定程度影響到病情發展的好壞，遂陸續建立了不同的病人自助小組，希望藉著病友自身的經歷，與其他病人互相關顧守望，帶來正面的訊息，並加強病友與家屬之間的聯繫；各類病人互助小組便慢慢地形成了。

1996年，當時的醫護團隊和癌症病人資源中心的社工，鼓勵一群在東區醫院同期接受治療乳癌病人，透過小組交談說出心中的憂慮和感受。幾位組員從互不相識，到逐漸願意敞開心扉，在資訊以至生活上互相分享和支持，成了乳癌病患互助小組的雛型。透過小組聚會，一起分享自己的經驗，就肉體上和精神上所承受的痛苦互相傾訴，藉此抒發內心的恐懼及不安情緒。這個小組就像驟雨中的陽光，給予病患者一些慰藉、支持、協助與共鳴。

1996年成立展晴社

正式的命名

癌症病人資源中心帶領本社的組織發展，推動互助精神。中心透過舉辦如朋輩關懷技巧班、義工情緒疏導和醫學講座等活動，培訓和啟發本社義工以過來人的身份，參與醫院為病人所提供的支援服務。其後更協助本社擴闊服務類別，開始為港島東聯網醫院所有的乳癌及婦科癌的病友提供服務，使會務漸趨成熟穩健，最後隸屬於醫院內的社區及病人資源部。

漸漸地，這個乳癌病人組織逐步建構起來，並於 1996 年 9 月正式成立，命名為「展晴社」，主要服務院內乳癌和婦科癌的病人。

「展晴社」的名字實在是給人感覺樂觀、希望，顯得較有活力氣息。「展晴」兩字，代表著「展現希望」和有「美好晴天」，在走過了陰霾的日子和經歷了艱辛的磨練後，便可再次展現笑容，望向晴天。宗旨是希望能加強病人對乳癌及婦科癌的認識，並促進組員間的溝通，最終目標是希望各姊妹可以重拾笑容，重返社區，珍惜和享受美好的每一天，並與家人積極地面對疾病，重享正常的生活。

會徽的含意

本社會徽和襟章的構思和含意，是取自乳癌的國際絲帶徽號，加上自助組織必須具備的愛心和恆心，兩者結合而成。

而兩者所產生的化學作用，便成為天天展開歡顏和祝福的化身，願我們以「關心與愛心，服務精神勝萬金」的行動去祝福每一位。

會歌的由來

雖然只是一個小小的病人互助組織，卻有自己的會歌，這確實是很難得。話說當年我們的創會主席在歌唱班時，認識並邀請了張嘉華老師為我社寫首歌，最後這首《展望晴天》於 2003 年開始便成為我社的主題曲。

這首歌詞寓意深遠，充滿激勵，內容正正反映了我們的心聲，更表達出姊妹們的堅毅精神，也很切合我們現在的心境。

發展新里程

為了展晴社長期發展，我們相信互助組織需要自強不息，在預期的發展目標和多方面的努力下，我們成功於 2005 年 9 月 21 日根據《公司條例》〔第 32 章〕正式註冊為「展晴社（香港）有限公司」；亦於同年 10 月 19 日根據《稅務條例》〔第 112 章〕第 88 條以非牟利 / 慈善機構的身份，獲稅務局局長豁免繳稅，成為非牟利慈善團體。

最初成立時只得十幾位志同道合的姊妹，立志為乳癌病患者服務，希望新來的乳癌病人在知悉自己有癌病時，不再恐懼、徬徨，並且一起走過那段最艱辛的日子。在會員數目不斷增加的情況下，我們需要積極發掘及培訓新的義工以延續繁忙的會務，況且近年婦女患上乳癌及婦科癌的人數不斷上升和年輕化，我們需要不時接受新的資訊和溝通技巧，以應付服務需求。

成為東區醫院的合作伙伴，匯聚雙方的資源和力量，除了共同為港島東聯網所有乳癌及婦科癌的病友提供服務，以響應醫院的「矜憫為懷」精神外，更將服務範圍拓展至其他跨區的轉介病人，包括私家醫院的病友，這是展晴社一個新的里程碑！

醫護與義工

乳癌是眾多癌症中的一種,也是很特別的一種,因為它影響着代表女性性徵的器官,故此,病者受到的情緒困擾也特別大。然而,展晴社各義工在幫助病人跨越障礙,面對癌症和治療方面,發揮了很大的正面作用,他們以過來人身份分享,給予安慰和支持,令本來惶恐不安的病者,得到紓解和鼓勵。

當醫生和護士等醫護人員努力地為乳癌病人提供醫療和技術上的支援時,展晴社的義工則在默默地成為病人心靈和社交上的支援。有時候醫護人員也不禁慨嘆,他們掌握醫護的知識和理論,理應能協助病人康復,然而不管多努力和用心,病人總是覺得醫護未能充分理解和體會他們的主觀感受。幸好展晴社的義工有著康復者的身份,明白治療時所面對的各種問題,能對正在接受治療的病友分享自己的經驗,並提供不同方面的協助和關懷,與她們並肩跨越種種難關,使病友對醫護團隊及治療過程有更大的信心,我們和醫護人員成為有著互相補位的團隊。

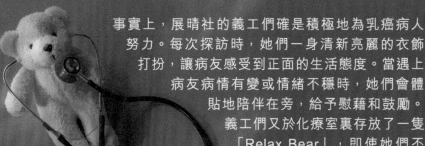

事實上，展晴社的義工們確是積極地為乳癌病人努力。每次探訪時，她們一身清新亮麗的衣飾打扮，讓病友感受到正面的生活態度。當遇上病友病情有變或情緒不穩時，她們會體貼地陪伴在旁，給予慰藉和鼓勵。義工們又於化療室裏存放了一隻「Relax Bear」，即使她們不在身邊，也能讓心情緊張的病友將小熊抱在懷裏，從而得到支持和安慰。

不少病友在成為展晴社的會員後亦加入了義工的行列，而義工也在服務其他病友的同時，自己亦有得益。不要以為當義工是簡單的事，事前需要上堂，經過東區醫院的癌症病人資源中心、癌症基金會、社區復康網絡等機構的培訓，才有實力擔當，不少義工更成為出色的活動攬手，所謂助人亦自助，絕對是雙贏。

■ 展晴專線服務

回顧與總結

由最初成立時只得十幾位姊妹，至今經歷了四份一世紀，現在的會員人數約有六百三十多人。展晴朋輩服務亦有一定的水平，義工都是過來人，縱使治療方案未必相同，但確診感受、手術與化療的憂慮、心理變化、家人壓力、工作轉變等，往往都是感同身受，她們的故事多少也讓剛確診的病友帶來一些安慰。有同行者相伴，即使面對陌生的人和事，都有能力抵禦。

互助組織得以存在和擴大，最重要的因素是各義工的支援。除了物力外，人力也是互助組織最珍貴的財產。病人互助組織的義工，除了環境因素外，我們還多了健康體質這一環，對長期病友來說，真是有力不從心的一刻。但是我們更知道新確診病人的需要，因著過來人的經驗，自身的經歷，令我們更願意承擔和分享，若不是當初有過來人的分享，我們也不知如何去承受當日的悲傷。

我們亦明白自助組織需要持續發展，組員才可以在互助的過程中學習，從「受助」的角色慢慢演變成「助人」的角色，所得到的成就感和滿足感，足以幫助自己和別人重新評估問題和需要，提昇自信和加強個人面對逆境的能量，減少對社會的倚賴。更重要的是樂觀和積極面對癌病，可以提高本身的免疫力，減低復發機會，避免身、心再度創傷、亦避免給家庭增加負担或憂慮，減低醫療開支。所以，承傳是一種接力，冀望更多的義工參與，每人出一分力，便容易達到十分鼓勵、十分關懷。施比受更有福，就讓本社的服務能薪火相傳，承傳交棒，讓新確診病人能在苦中嚐到一點甜，可以活出精彩人生。

未來新路向

在與東區醫院癌症病人資源中心及香港癌症基金會合作拓展關顧服務的同時，我們亦非常明白持續發展的重要性。要為我們的服務對象，包括病友及會員建立長期支援網絡，俾使他們能重整癒後生活模式，我們日後會更積極推動健康理念，舉辦更多不同類型活動如興趣班和運動班等，亦會參與或舉辦社區防癌教育活動，提高社會人士對乳癌防治的關注。

期望我們能夠改善和加強服務，希望能令本社邁進另一個新的里程。我們的願景是希望持續與我們的合作伙伴，循著「全人治療」的理念，共同努力為乳癌和婦科癌病人開拓長久及穩定的高質素服務，以我們自身的經歷去鼓勵和支持新確診患者，讓病人在最無助時有一點溫暖，正如我們當初得到同路人關懷一樣。我們亦期望各區的病人組織互相支持，齊心推動香港病人互助組織的合作，發揮互助共勉的精神！

L

第二章

人生路上遇彩虹

人生路上遇彩虹

四月的一個早上起來，望向窗外，下著大雨！

如常梳洗，但心情卻與平日有點不一樣，因為今天要走訪幾位乳癌病患者，心情有點沉重。回想自己也曾經歷過，心中留有烙印，有點不想提起，所以很少朋友知道我過去這份經歷。但今天因工作關係，要重掀往事，真的有點不是味兒，而且今次是以彩虹為題，約了七位癌症患者訪問，心中有點忐忑。

世事往往就是這樣無奈，想著想著，要加快出門了。路途上仍下著大雨，街上路人左閃右避，狼狽不堪，我也是其中一員，幸而多年習慣採編要準時，所以比約定時間提早了到達東區醫院的癌症病人資源中心。

推開玻璃門，見到接待人員，說明今天的來意。她熱情地帶我

進入一間會客室，接著有位女士前來跟我打個招呼。就這樣，彩虹約會開始了，而我多年的心結也因此打開了。這一切都是被她們的表現所感動，原來生命真的會影響生命。

琴：「你好，我是回顧出版社的記者 Lankum，可以叫我亞琴。」

晴：「你好，我是展晴社的義工，叫亞晴，多謝你今天來記錄我們的故事，辛苦你！」

琴：「多謝你給我這機會才是。好奇一問，何解病人組織會出書？」

彼此寒暄了幾句，便開始問及出書原因。

晴：「因為今年是我們展晴社 25 周年紀念，主席希望藉著這特別日子，給我們互助組織留下紀錄，並希望提醒更多人早點預防乳癌。又可讓更多人認識，醫院內有不同的病人互助小組，當若發現有病時，可以去這些病人互助組織尋找過來人分享經歷，陪伴和鼓勵。」

琴：「原來如此，真的是很有意思啊！」

這時，有另一位女士入來，雖然個子不算太高，但左手明顯比平常大了一倍以上，令我覺得有點奇怪。突然讓我想起了當年曾聽過做完乳癌手術之後，若切割了大量淋巴，會較容易出現水腫情況，當然未必人人都有這反應。然而，水腫情況卻發生在眼前的女士身上，卻見她滿臉笑容，並沒有為自己的缺陷去遮掩，更主動來打招呼，充滿熱情，原來她就是今天第一個要訪問的人。

她的名字叫羅芫杏，大家都稱她為亞靚。她給我看手機上的照片，年青時的她真是個美人胚子。亞靚是個可愛又很熱情的人，教我急不及待，即時邀請她述說自己的故事。

【以愛相隨】

羅芫杏（阿靚）

聽到「乳癌」兩個字，很多人第一個想法是：不幸。

當我知道自己的癌細胞只有一厘米，可是需要進行乳房全切手術時，也心有不甘地哭喊起來，畢竟仍算年輕，因此心裡不斷在想：為何會是自己？為何不幸會降臨到自己身上？在 1995年，乳癌資訊並未普及，關於這病的知識甚少，我也想像不到它的威力有多可怕，若早知，根本不會容許自己亂去到處求醫，拖延了醫治的黃金時間。

那年我在暑假時摸到胸口有硬塊，覺得奇怪，怎會在這個敏感位置出現不尋常的情況？因我本身有做婦科檢查的習慣，經醫生轉介，約見了另一位醫生，抽針檢查後發現雖屬初期，但也需要全切，因為界定為惡性。聽到這消息，我怎會順服呢？該醫生即使解釋可以進行整型，外觀不會有太大變化，但已沒有心機去想，因為當時很天真的認為，既然只有一厘米，中醫療法應該可以使它縮小吧，甚至會不會可以令它消失？

也想不到該醫生容許我先看中醫，但告誡我兩個月後便要回來覆診。於是我展開了五個月的中醫診治之旅，由幾十元診金，至數百元診金；由香港中醫，至內地大醫院，但結果卻不似預期。腫瘤由一厘米增長至四厘米，連內地醫院的醫生也著我快快回港處理，可是沉重的手術費根本負擔不起，唯有再向婦科醫生求救。醫生建議到東區醫院排期，因為剛營運了一年多，應該很快有位，最後安排了年初九進行手術。

同為乳癌病人，我很明白在患難中有同路人扶持是非常重要的。雖然現在資訊發達，可以隨時在網上找到疾病的資料，容易找到專家的意見，但心靈上的安慰，並不能在網上得到，只有過來人，才會明白患病時的情緒。當時醫院方面有意成立乳癌病人小組，希望藉著病人自身的經歷，與其他病人互相守望，這是展晴社的雛形。其時東區醫院早已有不少例如腎友會、糖尿會、東日社（鼻咽癌）等小組，只是沒有乳癌小組，因此醫院便積極地協助我們成立。

展晴社源於東區醫院資源中心洞悉乳癌在未來會愈來愈普遍，這班病人需要互相鼓勵，因此，藉著社工鄧惠霞姑娘的協助推動，聚合數位病人的力量，由最初展開簡單的義工探訪及跟進，逐漸發展成東區醫院的乳癌病人組織。我自手術後不再工作，可以有更多時間參與義務活動。其後在 1996 年 9 月便正式成立展晴社，並成為第一屆主席。在社工的帶領下，組員都鼓起勇氣，向其他病友分享患病感受，定期到病房探訪，當然有些病友寧願孤軍作戰，不肯接受安慰，但是大部份都願意敞開心扉，說說笑笑，最後會發現，自己原來不是最差的一個，感覺心情又會好些。

作為癌症病人，也會害怕復發，但最重要是心態要正面。我也曾經再度發現有腫瘤，甚至因為手術失誤，住了醫院達五個月。而在留院期間，得到顧問醫生、護士常來探望我，還有每日都有不同義工、展晴姊妹的探望，且帶來愛心湯水和水果，衷心感謝每一位！這也印證了自己在展晴社的用心關懷，得到了他們的認同。我喜歡關懷照顧的工作，因可以全力照顧病友，互相扶持和鼓勵，以心為心，這就是我最大的心願。

展晴社能茁壯成長，義工的努力實在不容忽視，從病房探訪、問候、跟進、關懷、聯絡，都需要愛心相隨。事實上，每當見到病人由意志消沉轉為積極面對，對義工來說，是最大的動力。不少義工是與展晴社一起成長，由最初無從入手，至成為活動

搞手，更為了會慶或聯歡的表演而自費學習跳舞、唱歌等，因為彼此都有共同目標，就是讓病友充滿鬥志迎接治療。我曾經因為會慶的才藝表演而去學習跳舞及設計服飾，認識了張嘉華和伍婉珊兩位老師，並邀情了他們為展晴社創作會歌及設計 T 恤，十分感謝！

我非常認同助人即自助，當年在手術後，便「沉迷」展晴社的會務，在醫院時，忙於探訪及構思活動，回家又繼續致電問候病友，差不多十時才煮飯，東區醫院彷彿成了第二個家，時間都被展晴社的工作填滿了，再沒有空閒去想乳癌的可怕。看著展晴社成長，有喜也有悲，喜是見到病友由沮喪轉為積極，但並不是每個個案也成功，個別病友仍然會自怨自艾，每遇到這些情況，確實讓我有放棄的念頭。但只要看到對方有進步，那

份喜悅，實在無與倫比。

展晴社已有 25 年的歷史，但仍然還有很大的進步空間。希望新加入的會員在未來有一展所長的機會，帶來更多新元素，可以幫到更多病人。雖然突如其來的新冠疫情，打亂了今屆展晴社的發展，但卻破壞不了展晴社的初心，關懷永遠是首要工作，這是當日成立時的目標之一，還幸展晴社內有一班默默耕耘無私奉獻，愛心滿溢且互相包容的熱心義工，努力不懈地推動會務，為病友帶來支持和鼓勵。

第一次見到阿靚，完全想像不到她在 26 年前患上乳癌，能夠一直保持開朗心境，從不擔心再次與癌症角力。因著一顆助人之心，她成為癌友的同行者，所向無敵，無所畏懼。

說完她的經歷，讓我感受到愛的力量。一顆紅色的赤子之心，帶著勇氣的表現，如風雨過後，總有陽光，紅日照耀的日子中常存希望。關於她的治療經歷，也是很好的借鏡，她在發現病灶時，想單以中醫療法解決，結果錯過了黃金治療期，幸好得到東區醫院醫生的協助，最後病情得以控制。亞靚的故事，令我體會人生的道路，如天上的彩虹，雖然是彎曲，卻是多彩多姿。

聽罷她的故事，心中起了一些漣漪，這時亞靚已離開會客室，但我的思緒仍在縈繞。接著有另一位女士進來，這次是位個子細小的女士，而且坐著輪椅，身旁有位男士陪伴在側，原來是她的先生，細心地護著愛妻。看著他們令我隨即想起「鶼鰈情深」這句成語，令人羨慕。她是吳幼芳，是把展晴社推向另一個里程的義工，我挪動座椅，傾前細聽他們的故事。

【隨遇而安】

吳幼芳（Yvonne）

『假若你不是東區醫院的乳癌病人，或許未必知道展晴社這個病人慈善組織。』

與不少病友一樣，我本來對乳癌毫無認知，更談不上自我檢查，直至身邊有朋友和親戚患上此病，才稍為留意。於 1998 年，當時我摸到胸口有硬塊，只是工作太忙，不以為意。之後因奶奶的親戚確診乳癌，而我也抵不住奶奶每天催逼，終於約了東區醫院的醫生。醫生觸診後，立即安排各種檢查，誰知結果一出，便難逃手術的命運。

病魔突然來襲，有人會擔心生計，亦有人害怕生命驟然消失，更有人不願加重家人負擔而選擇離開。當知道自己身上有計時炸彈時，我只想到兩名年幼的兒子，萬一自己先行一步，丈夫未必有能力照顧妥當，想到此情此景，真的不介意他另娶，最重要是兒子有完整的家庭，在良好的環境下成長，慶幸的是他至今仍在身邊支持著我！其次是我的工作，記得醫院通知要入院做手術時，腦海只想到還有報告未完成，希望趁入院前盡快處理好。

因著乳癌有不同種類，我須做乳房全切手術，並計劃在九個月後再做乳房重建。癌細胞屬 2A 期，並且需要化療，一共 12 針，每兩星期一次。每次的首四天是最辛苦，食難嚥、寢不眠，幸好待藥性一過，又可回復精神。對於自己遇上這個病，多少都有點埋怨，幸而命運也讓我在病房認識了另一病友 Rainbow，她非常冷靜，我與她的緣份就由那天開始，一直延續至展晴社。當年手術後在病房時，有展晴社的義工曾來探訪，才知道有這個組織的存

在。感謝她們的陪伴，至少自己不是孤軍作戰。也明白人總要向前望，停滯不前反沒益處。

出院之後回去覆診，間中在癌症病人資源中心會聽到展晴社的義工們在商討事務，有時也忍不住插話給意見。當時的展晴社就像一個初生嬰兒，需要醫院的社工協助運作。組員大部份都是來自東區的家庭主婦，雖然組員都是家庭主婦，但因為全是同路人，擁有過來人的親身經驗及康復者的形象，對正在治療的病友來説，有著安慰的作用，讓她們知道身邊有同伴開解，憂慮也可減輕。

常言道：「喜樂的心乃是良藥。」癌症未必是致命的原因，反而是人的恐懼，才會加速死亡。除了在展晴社吸收治療的知識外，我也參加了醫院的講座和活動，因此對乳癌和藥物的副作用更了解，增加康復的信心。以往，我工餘的活動只是游泳與打麻雀，但得病後，在展晴社認識了很多新朋友，接觸同路人的機會增加，言談間發覺自己的病情不算最差，也有丈夫的照料，越多分享，越發現自己其實是幸福與幸運的人。

我自問是很乖的病人，自從 1998 年完成治療後，每年均體檢一

次，工作壓力不大，2009 年退休後，更是悠哉遊哉，閒時做做義工，根本沒有壓力可言，但在 2013 年，忽然間愈來愈瘦，胃口也欠佳，情況不太好，後來去了照正電子掃描後發現肺、骨、淋巴均有癌細胞，醫生也奇怪為何 15 年後才復發，再仔細檢驗，才找出原來之前的乳癌屬 HER2，當年並未有標靶藥，只能化療。復發後，我需要服食標靶藥及化療藥至今，及後在 2017 年的小中風，影響到部份的書寫及說話的能力，目前需要做正電子掃描及磁力共振以監察病情。我沒有埋怨及害怕自己再次遇上頑症，既來之則安之，與癌共存。

我常笑說，自己有得食，癌細胞才可以生存下去，它乖乖的，我自然不騷擾它，順便一提，因為長期打骨針的關係，我兩條大脾骨在毫無先兆下，因碰撞自行斷了，現在外出要坐輪椅，在家可以用支架輔助下行動。但路仍是要走下去的，就如夏韶聲一首名曲的歌名一樣「永不放棄」，不用怨天尤人。

心態影響病情，展晴社是由一班同路人所組成，彼此都曾經歷乳癌或婦科癌的煎熬，但現在都享受著雨後陽光，很多會員都希望能夠將這份經驗分享出去，至少可以為病友在苦中帶來一點甜，這是非常重要。我還記得，有一位同路人，她非常幸福，即使患病，丈夫也對她不離不棄，照顧有加，可是她仍然愁眉不展，覺得沒有事情值得開心。數月後，在街上再遇見她，判若兩人，我好奇地問她怎樣尋回笑容，而且是開懷大笑，原來要歸功於展晴社的義工，每天陪她做運動、食早餐、買餸、閒聊，令她感到生活充實及有意思，再沒有時間去憂慮。能夠令一個原本多愁善感的人，轉變為一個有盼望及充滿自信的人，這就是展晴社的魅力。

作為一名乳癌患者，正好見證著展晴社的轉變，也因著有展晴社的服務，減少了治療中的困苦，朋友圈亦得以擴闊。當年為了展晴社的長期發展，在會員的授權後，展晴社在 2006 年正式註冊成為一個認可團體及領有慈善團體認可牌照（88 牌）的病人自助組織，正式名為『展晴社（香港）有限公司』。之後得到社會福

利署的資助，可以聘請一位全職職員負責日常會務，這就是展晴社一個新的里程碑。

事實上，展晴社的朋輩服務有一定的水平，義工都是過來人，縱使治療方案未必相同，但確診感受、手術與化療的憂慮、心理變化、家人壓力、工作轉變等，往往都是感同身受，她們的故事多少也讓剛確診的病友帶來一些安慰。有同行者相伴，即使面對陌生的人與事，都有能力抵禦。故此，不少病友在成為展晴社的會員後亦加入了義工的行列，因為義工在服務其他病友的同時，自己亦有得益。當然在成為正式義工之前，是需要上訓練課程，經過醫院的病人和社區及病人資源部、癌症基金會、社區復康網絡等機構的培訓，才能擔此重任，不少義工更成為出色的活動搞手。所謂助人者亦能自助，絕對是雙贏，而展晴社也越來越壯大，幫助更多有需要幫助的人。

看著面前身軀嬌小的 Yvonne，聽著他們的故事，令我內心的漣漪像擴大了，何解她都是病人，卻仍著緊其他人，特別是病友？無私的奉獻，雖然困難重重，但仍能以隨遇而安的態度面對。很多人都會聞「癌」色變，我也是這樣，會有抱怨、有掙扎、有害怕、有無奈，不敢告訴別人，但她們不單沒有被負面情緒拖垮，甚至為自己找到第二人生，如同橙色的感覺，代表熱情、魅力、幸福、創造力、決心，這與她個性不謀而合。讓人找到一點甘甜，猶如生命中的維他命，不可或缺，亦為生命增添無窮色彩，如同彩虹多種顏色，隨時都可能發掘出優美的人生。

當仍在思緒中，他們已出去了。隨即，第三位女士鄭楚楚到來，她個子高挑，手拿著一疊粉彩畫，原來她在患癌後反而激發出繪畫天份，在等候見醫生的時間，總在畫畫，驅走忐忑不安的情緒。

【畫出彩虹】

鄭楚楚

我的生活很簡單，但我的生命卻奇妙，一次癌症，讓我走出了既定的框框，由家庭主婦，變身為藝術導師。我相信禍福互相依倚，循環相生，一次不幸，不一定永遠受苦，反而因禍得福，我感恩，也滿足，最重要是自己的作品獲得別人的認同，繼而獲邀請成為義務導師，透過課程，我可以為病者帶來一刻寧靜、一絲安慰、一點快樂，這已是無價。

我本來就是一個目不識丁的人，不是謙虛，這是實話。自小因為耳水不平衡，不能坐車，於是索性在小學畢業後，便協助母親在北角馬寶道的排檔售賣女士衣物，及至香港回歸，媽媽認為生意大不如前，乾脆退休。不用再回排檔，我便肩負家人的膳食，負責照顧住在老人院的姑婆三餐飲食，也要包辦媽媽，家姐、弟妹的起居生活，真的非常忙碌。

耳暈已經是生活中的常態，因為不能坐車，因此可以行路前往的地方我才會去，否則絕不遠行，幸好對生活沒有太大影響，不過，另一個健康問題卻一直令我提心吊膽。我在十多歲時，已被診斷乳房佈滿水瘤，看了數個醫生，也解釋不了原因，唯一可做，是一有懷疑便立即抽針。後來，遇上了一位教授，他著我要隨時留意警剔，因為這是一個計時炸彈，可以演變為癌症。結果，我在2010年暑假確診了乳癌，當時50歲。

雖然我不曾有工作的壓力，但照顧家人也是一種挑戰。我的姑婆不喜歡老人院的膳食，需要我定時送上三餐，又要為家人張羅飲食，生活已容不下其他活動，久而久之，其實形成了壓力。我曾

經懷疑患了紅斑狼瘡，經過無數次驗血，最後才證實是對紫外光敏感。現在我懷疑，皮膚轉差，亦可能是患上乳癌的癥兆，所以當身體有突如其來的問題，最好不要忽視。

長期出入醫院，不代表我習慣面對疾病，只因我是凡人一名，也害怕面對。當知道自己患的是乳癌後，我想用中醫療法來醫治，不過家姐反對，糾纏了兩個星期，腫瘤繼續增大，幸好東區醫院的顧問醫生替我決定手術期，讓我不再猶豫不決。

現在回想自己當時的心情，其實讓人發笑。我與其他病友一樣，也擔心化療電療的副作用，不能照顧家人，但我更擔心的是，在全切後，這麼大的傷口如何癒合？平時被刀剞到，傷口也要等數天才自行埋好，全切乳房的傷口一定更大，究竟需要多少時間才自己癒合。於是，我在手術前不斷在網上搜尋資料，希望看到傷口的情況，當然是找不到，心情非常忐忑，不情不願地入院，後來才在手術前知道，醫生是會將傷口縫合好的，虛驚了一場。

腫瘤有 2.7 厘米，屬二期。最令我開心的，是醫生說化療對腫瘤的幫助不大，所以最終不用化療及電療，只需食荷爾蒙藥便可，手術後回家，睡了足足了兩天。其實自己本身的底子不好，例如氣管差，需要長期戴口罩，又因遺傳問題，視力開始欠佳，如今，因為荷爾蒙藥的影響，令到血細胞有變異，已停藥兼需要到東華醫院的內科覆診，所以不用化療，對我來說著實是一個好消息。

我自小因身體弱，甚少與人交際，也因為耳水不平衡，不能坐車，可以去的地方只圍繞我家附近。而每次想去一處新的地方，我總需要家姐的陪同。家姐很愛護我，也擔心我長此下去，會變得非常孤獨，尤其有了乳癌，這是一個隨時會再爆的炸彈，若然有同路人可以陪伴，萬一再次面對，至少也不再孤單。

家姐是抱著這想法帶我到展晴社聽講座，她甚至犧牲學習的時間，也要我學懂獨立。我加入展晴社後，開始認識了部份同路人，

人生路上遇彩虹

【畫出彩虹】

對乳癌的認知增加了，其後職員再介紹我到癌症基金會參加課堂。慢慢地，我學懂了坐地鐵前往，減少對家姐的依賴，也開始了自己的第二人生，回饋病者。

病過，才知道要珍惜時間。我仍然忙於照顧家人，但更明白要為自己留些時間，做甚麼、學甚麼也好，最重要是讓自己有獨處的時候，感受一下內心。我選擇了藝術，在癌症基金會學習音樂治療，再自學畫畫。最初是自學畫禪繞畫、和諧粉彩和紙捲花，後來在醫院參加其他畫畫活動，學習了塑膠彩，並得到老師賞識，可以成為助手，協助教授畫畫，這是我從未想過的，但卻實在地出現在眼前。

我從不知道自己有藝術創作的能力，小時候一直為生計奔馳，藝術絕對是奢侈，只是曾經為上衣畫了卡通貓狗，直至手術後，為了減壓，便嘗試畫畫，想不到作品得到認同，更可以擔當義務導師，這是我不曾想過的事。

目前我在老人中心、社區中心、醫院都有畫班，也有在展晴社開班，主力是教禪繞畫及和諧粉彩，生活過得很充實。有了寄望，只要一開始了畫畫，明明緊張的心情，也變得寧靜，所以在等候見醫生的時間，我總在畫畫。人生的確很奇妙，不會永遠只得一個方向，那扇窗關了，自然有另一道門開著，最重要是讓自己肯去嘗試，才會令生命佈滿色彩，充滿希望。

聽罷楚楚的故事，讓我感到驚訝！一段原本平凡的生活，卻活出不平凡的一生。她不單沒有被癌病打擊，還在當中發掘了自己也不知道的天份，這是何等的令人鼓舞的事。看她的自學作品，一幅又一幅的令人讚嘆不已，她是愈畫愈精彩，更成為導師。透過她的作品，能感受到一份寧靜，她的第二人生，絕對令人羨慕。不說不知，原來黃色是一種代表愉悅、智慧、明白事理及有直覺力（或稱有第六感）的顏色。每一個人生開始，就如白紙一張，你只要願意為他塗上顏色，便如同彩虹那樣色彩繽紛，能活出一個不平凡而燦爛的精彩人生。想著自己患病後總是逃避，而眼前這群乳癌患者，卻能活出精彩人生下半場，感覺就如在沙漠中遇見甘泉。

轉眼已到了第四位。眼前是位身型圓潤，戴著冷織帽，笑意迎迎的女士。這漸入初夏的天氣還戴冷帽？細問之下，原來她是在化療中，頭髮甩掉了，身體亦不大如前。誰想到這位已年屆七十的長者，在十多年前已被告知病情到了末期？可是她的樂天性格，一副天塌不驚的模樣，無論醫生告訴她情況有多嚴重，她都不為所動，反之，她的家人比她更顯得擔心。她的名字是黃玉霞，大家都會稱她為霞姐，常常跟人分享自己的幸福，就像擁有永續能源般耗之不竭。

【願將幸福分給你】

黃玉霞

過去八年來一直持續地做化療與電療，究竟是怎樣的人生？連自己也說不出。

我的性格未算樂觀，但也不會埋頭於困境之中，既來之，則面對之；也不會過份擔憂明天。很多醫生都問我，要經常做化療，會難過嗎？甚至有醫生給我擁抱，希望我有一絲安慰，但事實上，我坦然無懼，從不害怕死亡，也不曾擔心化療的辛苦，只是不願面對脫髮後的樣子。

但我明白一件事，原來自己是非常幸福和幸運的，在家人滿滿的愛包圍下，我更有力量去安慰其他病友，令她們重新充滿正能量。我相信每個人都需要勇氣去生存，不論是否患有頑疾，每天盡量讓自己快樂，才有能力成為其他人的借鏡。

第一次遇上癌症是在 2008 年，當時已 59 歲，未退休。有天在中環被行人撞到，之後乳房感到特別疼痛，回到公司更衣時，發現一邊乳房有凹陷的情況，兩邊完全不對稱，但當時未有任何擔心，還等到高血壓覆診時，才順便問問醫生。醫生為我觸診，說有一粒頗大的腫塊，便轉介我到律敦治醫院再做檢查。為我抽針的醫生見到情況，也忍不住問我為何這麼大膽，耽擱了這麼久才求醫。

三星期後看報告，腫瘤有 7 厘米，醫生不禁質疑：「為何腫瘤這麼大也不知道？」我呆呆的全沒有反應，不是擔憂，而是心裡想著，有甚麼大不了？醫生以為我害怕到不能表達，便著我

叫家人來陪伴。哥哥和兩位弟弟來到後，我哭了出來，不是因為驚恐，而是見到家人擔心的樣子。

我被「宣判」患上 4 期 B 乳癌，同時在肺、腰骨、腋下淋巴、子宮均有陰影，我實在不明白自己當時的景況有多危險，只是家人全都聚集在家，媽媽也深感不妙，平時若非大時大節，也不會一家人齊整出現！現在回想，自己是幸福的，因為受到家人關愛。家人擔心醫院的檢查有誤，再安排我見私家醫生再做檢查，結果仍是一樣，最後還是留在律敦治做全切手術，之後到東區醫院做化療，然後自費購買荷爾蒙藥服食。

在日間化療中心，會看到很多憂戚的面孔，當時我不明白，化療有何辛苦？第一針後，宋醫生為我預備了止嘔藥，但我最後沒有用上。我本身喜歡織冷衫，因為沒有了頭髮，我織了六頂帽，想不到讓醫生印象難忘。轉眼間，完成六針化療，生活回復平淡。

在 2008 年化療期間，我雖然間接認識展晴社會員，但卻沒有興趣參加她們的聚會。直至 2012 年，弟弟的朋友患癌離世，我才再與她們聯絡，將營養物資轉送展晴社，並成為會員。其後，在義工陪伴下，我開始參加活動，讀義工班，更獲安排旁聽寧養課程，有了義工證後，便在醫院當起義工來。

原本是與媽媽一同生活，她在 2012 年 3 月離世後，我一直獨居至今。就在媽媽離開後不久，自己在同年尾被確診復發，腰骨的腫瘤有活躍跡象，需要做電療。為了控制病情，再次要接受化療；如是者，直到目前，我共做了五次化療、兩次電療、一次口服化療藥，可以説是身經百戰。化療時，我只睡了兩天，便又回復精神，之後又可如常去做義工。

最初做義工時，聽到病友在哭訴，自己的情緒也被牽動，跟著一起哭，變相幫不到忙；而且因為自己每針化療，都沒有明顯的副作用，完全感受不到病友的痛，説不出安慰的説話，最初是覺得自己不適合及不應該做義工的。

後來，開始在展晴社活動分享經歷，才知道原來自身的遭遇，也可以成為別人的推動力，於是，慢慢地再次有做義工的勇氣。

後來的五次的化療及腰骨的電療，都難不到我，但最近一次的電療，卻終於讓我感受到何謂辛苦。電療讓我呼吸不順，需要吸氧；全沒胃口，體重也輕了十多磅，這些都是從未遇過，但我感恩，因為我可以更有説服力去做分享。

展晴

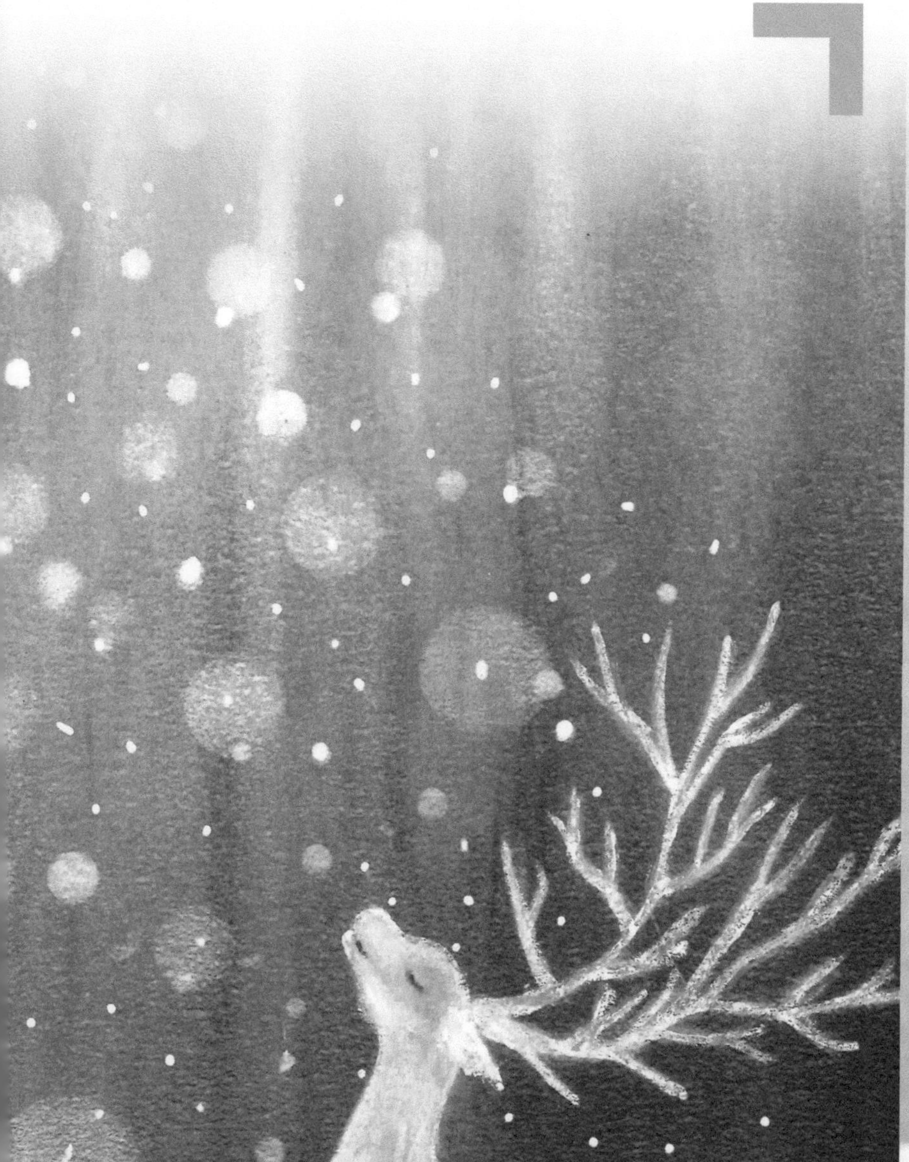

從 2013 年開始，我間中會和新病友分享經歷，但更多的時間會在醫院做其他服務。本來，我面對病人時，仍然戰戰兢兢，不過，有了最近的電療副作用及累積了更多的分享經驗後，終於培養出同理心。從前，我總是說化療不辛苦，其實只是我個人感受，其他人不一定是有相同感覺。現在我依然會說化療是不辛苦，只因自己幸運，也希望其他人與自己一樣幸運。

記得曾經遇到一名女病人，她與丈夫在新光戲院看大戲時突然動彈不得，送入東區醫院，被診斷出骨癌末期，丈夫很擔憂，我跟她分享自己腰骨有腫瘤，起床時也困難，又告訴她，自己仍然在化療中，但堅持做義工。那名病人之後有所頓悟，加上有信仰支持，她與丈夫都決定交給上帝，繼續努力治療。

我在七兄弟妹中，學歷是最低的一個，但我不以為恥，依然活得自在；縱然身上有數個計時炸彈，但繼續有藥用，即證明情況未算最壞。我感到幸福，因為家人處處為我著想，過去數年，常帶我到處遊歷，為我預備晚膳；在醫院，又認識了不少醫生、護士與同路人，真的不愁寂寞。

做了七年義工，讓我看清何謂恩典，雖然不知前路如何，希望大家都能善待自己，就像我一樣，以開心去笑對難關，以自己來掌管生命，而不是被疾病牽絆，願將幸福分給你！

聽著霞姐的分享，真的感到幸福滿滿，她沒有那種患病後自怨自艾，也沒有問蒼天何解是我？對於一般人來說，若知道自己已到癌症末期，反應難免無望，但霞姐卻相反，原因家人是她的精神支柱，得到家人的疼愛，她活得自在，樂天知足。

2020 年，她需要接受化療電療，那次真的讓她吃盡苦頭，然而，她卻感恩有這些經歷，使她能更有說服力去

做分享，這真讓我十分佩服她。

綠色在心理學上代表和平，平靜，友善，善於傾聽。我
會用綠色來形容霞姐，因她如心靈的綠洲，總會給人寧
靜的感覺。她是生命戰士，由 2008 年開始，一直與癌
症糾纏，從不懼怕，視之如無物。她是幸運的，在治療
期間，繼續擔任義工，雖是目不識丁的老人，心胸卻甚
豁達。與她傾談，總有無數話題。她就像一道掛在天上
的彩虹，使每位認識她的朋友，都可以見到這個世界的
美麗，開心面對未來。

七色彩虹過了一半，原以為會繼續，誰知她們真的很窩
心，讓我先休息一會，正好整理一下自己的思緒，亦趁
這空檔看看走廊上的作品。

這裡果然臥虎藏龍，有不同的書畫作品，其中一幅竟然
是霞姐作品，一位目不識丁的長者卻能寫出書法來！除
此以外，還有不同的手工藝作品，都是由病人親手製成
的，每件作品都似在反映出一個又一個與死神搏鬥的故
事，令人感到動容。

看著看著，差點錯過了會面時間。加快腳步返回會客室，
見有另一位看似飽歷風霜的女士已坐著等候，匆忙打過
招呼介紹一下，便進入今天的話題。原來跟前這位中年
女士叫姚崢，有一女兒相依為命。休息了一會，心中的
漣漪像在浮沉著，細聽著她的故事。

【捨·得】

姚 崢

通常説到生日願望或新年希望時，身體健康已經成為首選心願，尤其對於長期病患者來説，如果疾病遠離自己，應該比得到橫財更開心。

我的原生家庭並不愉快，父母非常嚴厲，都是操控性管教。因著父母常常爭吵，而且慣了主導一切，為此，我一直想盡快結婚，快些搬出這個家庭，離開他們。終於結婚了，但婚姻生活並非想像般如意，只是另一個煩惱的開始。丈夫在女兒四歲時，因賭錢而不知所蹤。加上自己的收入不多，為了照顧女兒，唯有搬回父母家，直至女兒讀大學，因為申請公屋，我才獨自辦理離婚，目前仍在輪候公屋，故仍與父母一同生活。

我第一次患病，是在 1997 年時。那年只覺全身都痛，關節部位尤其僵硬，最後確診是紅斑狼瘡。這是一種隨時復發的病，所以在日常的生活細節中要非常小心，例如不能曬太陽，飲食也要節制。我沒有與人傾訴，只是默默承受痛楚，幸好有信仰的支持。

任何疾病，都可以成為致命的原因，但我會常記著一金句：「喜樂的心乃是良藥，憂傷的靈使骨枯乾。」紅斑狼瘡讓我時常處於痛楚之中，生活質素多少也受到影響，但為了女兒，我願意忍受，只是父母的不和，令我不知所措。我時常會問，為何婚姻欠佳？為何父母不憐惜自己？為何會患上紅斑狼瘡？為何……？很多的為何，我就是一直困擾在這些問題上，直至患上乳癌，竟然讓我豁然開朗。

在 2014 年的暑假，我發現胸部異常，立即到醫院見醫生。抽針後，報告顯示有 80% 是屬於癌症，醫生為我排期照乳房 X 光（mammogram），但仍要等候半年，甚至需要留院一天，我是十分不情願，也不希望家人知道，但到私家醫院檢查，卻又昂貴，當時真的很傍徨。後來，家人見我經常到出入醫院，追問之下，我唯有和盤托出，家人堅持我要立即到私家醫院照片，最終確診期數為 2A，接著在私家醫院進行手術，再到東區醫院化療及電療。因為關節位常痛，我會定期到東區醫院做物理治療，從中認識了一些姊妹，與她們一起學習讚美操，因為當中的動作我覺得有舒緩的作用，輕鬆之餘也可以暫時忘記困苦。

面對癌症時的傍徨，並非害怕失去生命，而是擔心僅餘的積蓄用盡，不能照顧女兒。但當確診的一刻，又像放下了心頭大石，變得輕鬆。反而覺得，若要我離開，我便願意放手，感恩女兒大學畢業，投入社會工作了，這讓我感到安慰。因著心態的轉變，連帶手腳一直疼痛的關節和筋膜炎都不再痛，不再崩緊。原來自己一直都握著拳頭，不願放開，直到願意放開了，心情也隨之輕鬆了，手腳也不再崩緊了。

手術後，精神也快速地回復過來，跟著便要安排之後的療程。媽媽很擔心我，在坊間探聽了許多「醫學知識」，提議我不要做化療，怕我承受不了，但我還是聽從了專業醫生的安排，接受化療與電療，並也順利完成了療程。若不是因為化療，也許我也不會認識展晴社，不會認識了這麼多的姊妹，可以互相幫助和分享，也不會有機會幫助到同路人。

最初我只是參加展晴社的講座，後來才參加分享聚會、製作小禮物班等等活動，之後成為小組組長及現在的關懷大使。從前的我，只想著養大女兒，有一份工作便可，不會去想甚麼是快樂。但展晴社讓我有改變想法的機會，成為了組長後，時常將自己的經驗分享，看到同路人得益，原來這才是自己渴望已久的快樂。

我同意樂觀的情緒能有效改善病情，當時我亦是得到展晴社的協助，從會員的經驗得知乳癌是甚麼一回事，也因為有她們的開解，從沒有感到害怕。我願意將自己既有的一切與病友分享，記得在疫情嚴峻時，我決定將手上僅有的口罩送給有需要的人，出一點棉力，然後在三個月裡，不再外出。我不介意別人笑我愚笨，只希望她們一切安好。

很多姊妹都會擔心復發，我反而沒有這種憂慮。女兒已有工作的能力，我的擔子也減少，雖然與父母相見好、同住難，但我順從一切，盡心盡意孝順兩老，寧願悶時與展晴社的姊妹相聚，享受快樂的時光，也不願將時間浪費在擔憂上，也願所有病友有此領悟。所謂捨得，相信要有「捨」，才有「得」，但願每人多行一步，便可讓更多人得到祝福！

有捨才有得，作為癌症病人，若不夠堅強，便易被疾病打倒。尤其生活難以事事如意，假如沒有喜樂的心，又能怎樣對抗頑疾？姚崢本身有紅斑狼瘡，而且父母的管束嚴厲，自己的婚姻破裂，再加上乳癌，這種種痛，真的隨時能致命，幸好她遇上展晴社，更成為了義工，經常與人分享經驗。待女兒長大，放下了心頭大石，她更捨棄自己的休息時間來擔當義工。

每當看到同路人得益，她便快樂。青色象徵著堅強、希望。雖然在青春歲月留下不快的痕跡，但她拿得起，放得下，讓我有種豁然開朗見青天的感覺。她的內心就好像有道彩虹橋，把她和女兒連在一起，互相鼓勵，互相扶持，快樂就是這樣的簡單。

何解這群病人，怎樣看都不似病人？送別姚崢後，另一位卻是一位男士？正在懷疑間，他已自我介紹叫王啟仁，是少有患上乳癌的男人。男人？乳癌？雖然知道有這情況出現，但眼前的男士，卻令我有點不敢相信，看他衣冠楚楚，一副書生模樣，雖然年紀不太年青，但臉上仍帶點稚氣，有點陽光，如同藍色的特性，信任、忠誠和誠實。細聽他的故事，他的孝順，他對家人的關愛，難怪他在這裡找到了另一半，這是他意想不到的，真是溫馨呢！原來這一切，都是由一個電話鈴聲開始……

【一切由電話鈴聲開始】

王啟仁

2013 年 12 月初的一個晚上，一家人共聚吃過晚飯，互訴過去的生活片段，多了趕回港的家姐和外甥女，唯獨少了一個老爸，因為他在剛過去的星期日離開我們了。忽然間手機的鈴聲響起了，看一看來電號碼為 2595xxxx！吓，好像是醫院來電，急急躲進房間去接聽，心想這麼晚也來電……？原來是東區醫院醫生親自打電話來：「二話不說多了，明天上東區醫院吧！」

回想老爸走了的翌日，我就依照指示第一次見醫生，因為之前個多月家庭醫生寫了介紹信去東區醫院，想不到那麼快就可以見專科醫生。經初步驗查就立刻抽針取樣本化驗，不到三幾天就告知是癌症。噢，又會如此，我竟然有男性乳癌！

同一時間兩事發生了，當下全力辦妥老爸的事情為要，心想自己身體一向也很好，按醫生指示去做不用多想。其實我最怕我娘受不了，因為老爸的離去，她已傷心得很，如果子女也有什麼不妥，只會令她更擔憂和胡思亂想，我唯有扮作如常，若無其事，暫時瞞着她。

來到做手術當日，我心覺平靜，躺在床上被推進手術室，一路感到似是工場一樣嘈雜，許多醫護人員來來往往，最後大力吸了口氣，好寧靜的一刻，轉眼間醒來，手術也完成了。休息了一個晚上，翌日下午就離院回家，因為我告訴了我娘會上中山一晚，哈哈，她竟然沒有發覺我有異樣！

幸好當時天氣冷，我可以穿上寬鬆的衣服，好處就是掩蓋了那

條管和手榴彈（那個引流量器），多得我姐的配合，也如常和家人竹戰耍樂。出院後也有醫護人員上門為我檢查和處理傷口，他們也很為病人着想，因為我娘夜睡遲起床，他們九點多就來我家，就可免驚醒我娘。

手術後兩三個月就需要放射性治療，我也閒著在家等來電通知，等了好幾日，很不耐煩溜上街走走，路上手機響起，總是接不上，看看紀錄應該是醫院來電，過了五分鐘，鈴聲又響起，哎！是我娘的聲音，他問我為什麼要晚上七時去醫院電療，電什麼？給她一問我也有兩秒停頓不懂回答，幸好我立刻說「電雞眼」，因為多人要「電」，所以排到晚上七點多，哈哈，又可瞞她多一次。

過了大半年，受朋友所託轉交禮物到展晴社一位素未謀面的會員，對方知道我也是乳癌患者，閒談中就加入了成其中一份子。之前是有很多活動，我也有參加，不久受主席的邀請也加入了做委員，負責處理會務事宜，這也是我以前沒有經歷過的，幸好各會員也好合作辦好會務，最高興是每年的周年大會和會慶，會員也非常踴躍參加，大家見面時各有各細說自己的故事，這正是一個很好的機會，讓會員好好互相了解和分享。

我社亦提供許多機會讓我們回饋社會，主要是當義工服務。我選擇了「互心軒」，這項服務直接在腫瘤科覆診中心去接觸病患者，了解他們的需要，為他們提供適合的介紹和服務。我同樣亦參加中心的新症導航服務，讓癌症患者看到康復者一樣可以回復正常生活，加強信心，重拾健康！

其實這幾年時間裏，我認識多了好多朋友，也分擔他們的喜樂和傷痛，友誼是逐步建立起來，生活圈子也擴大不少，更意想不到的，是這時候我遇上了我的另一半，人生總是有趣的，活着就是最大的意義了。

好一句活著就是最大的意義，展晴社不僅是助人的地方，更是過來人自癒、自助的園地。就以啟仁的個案來說，他雖然是乳癌男患者，但並沒有以此為恥，反之，肩負起義工的擔子，幫助有需要的人，讓癌症患者看到自己康復後的模樣，從而加強她們的信心。因著他的愛心，得到了回報，在展晴社遇到人生的另一半，誰說癌病會帶走幸福？能抱持正向心態，好事自然會來。

啟仁患病期間，同時要處理父親的後事，幸好他的理智，教他可以冷靜應對。他深信人生是有趣的，所以更要積極活下去，完全是藍色色彩的象徵。藍色是一種代表著信任、睿智，鎮靜和忠誠的顏色。如像彩虹出現前必經歷風雨，人生經過生活的磨練，才會珍惜美好的生活。沒錯，難得仍有氣色，可以欣賞美麗的風景，吃頓喜歡吃的食物，去做應該做的事。

到了今天最後訪問的一位，來者令我有點奇怪，很年青的一位少女，何解年紀輕輕的關穎然會患上這病？原來患病的不是她，而是她的母親。穎然望著我好奇的眼神，把她們兩代人的故事向我娓娓道來。

【延續。傳承】

關穎然

這麼多年過去，轉眼間展晴社便 25 周年了，當初各位姨姨眼中的小女孩亦已經長大了。記得那日我收到靚靚姨姨的邀請時，我就忍不住翻開舊相冊，伴隨着一張又一張的舊照片，慢慢回憶起當初參與展晴社活動的點點滴滴。

還記得最初的展晴社規模小小的，人數不多，更像是大家的聚腳點。那時我媽媽有時間就會帶我到展晴社，在這裡我認識了一班對我很好的姨姨，大家都會分享自己的經歷，又會互相為對方打氣，既像親密的姊妹，更像互相扶持的戰友。當我見到媽媽開始投放更多的心血和時間在展晴社的同時，我亦慢慢發覺到她的轉變。

媽媽未患病前是一個非常樂觀外向的人，喜歡行山，喜歡參加各類型的戶外活動，但這一切都在她患病後改變了。患病後她的失落、痛苦；治療期間的壓力、不適，都令她情緒變得起伏不定，縱使有身邊人的理解、照顧，始終患病的痛苦亦只有病人自己才能明白，就連當時年紀小小的我，都會感覺到她的焦慮與不安。除了時刻提醒自己要聽話，還幫手照顧當時只有兩歲的弟弟，只希望可以讓她少勞氣一點，讓她可以舒心一點。

乳癌，為我們一家的生活帶來了翻天覆地的改變，這個改變到底是好是壞？視乎你如何看待它。媽媽於東區醫院治療期間，認識了一班志同道合的姊妹，大家都希望可以為復康病人及他們的家屬提供更多手術後的支援。她們由最初只舉行不定期的分享小組和聚會，到後來開始舉辦各種活動，而我媽媽作為創會義工的一份子，那時的她開始變得忙碌，既要處理會內的事務，亦要代表展晴社出席大大小小的會議，有時又會幫手籌備活動……雖然忙碌，但我發覺她很快樂，她又再次變得積極起來，展晴社可以說是她的第二個家，這個家令她重新找到了新的寄托、新的目標、新的方向！

看到她參與活動時的投入，表演時那充滿自信的笑容，正如她在 1998 年於十大再生勇士頒獎典禮上的致辭：「對抗癌病，展望晴天」。於抗癌的路上，或許會感到氣餒、挫折，但在各位同路人的互相支持下，晴天一樣會再次展現。

展晴社不只為我媽媽帶來改變，對我來說亦有不一樣的意義。隨著各種活動相繼舉行，我當然都有一起參加，只要翻開舊活動相集，就會於大大小小活動聚會發現我的身影。最記得莫過於 1998 年參加的「齊步上怡和」的籌款活動，當時我和只有三歲的弟弟一起徒步登上怡和大廈四十九樓，這對兩個小孩而言，無疑是一個很大挑戰，但對我們來說，卻是意義重大。即使當時很累，但可以為東區醫院癌症病人資源中心籌款出力，那份喜悅感非筆墨所能形容！

到後來就算媽媽已經不在了，我與展晴社之間的聯繫並沒有因為這樣而中斷，我繼續參加展晴社籌辦的活動，但我的角色亦由一開始的座上客慢慢轉變成活動其中一份子，只要我能力所及，我都樂意為活動出一分力。印象最深刻一定是於其中一年的籌款活動上台戴着首飾行 catwalk，另外於 15 周年會慶上更與靚靚姨姨一起上台合唱《月亮代表我的心》！上台表演雖然感到害羞，但這次的確是非常難忘的體驗，亦令我明白到原來

人生路上遇彩虹

【延續。傳承】

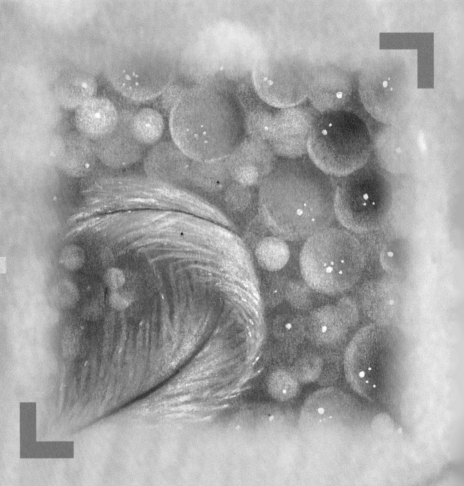

我也可以為展晴社作出小小的貢獻。希望我可以延續媽媽助人自助的義工精神，積極樂觀面對人生，以生命影響生命。

雖然最後媽媽還是走了，但她所行過的路，留下的痕跡，與她共渡的時光和經歷，卻令我感受到她仍然存在，也永遠存留在我的心中。在她的人生路上，活出了不一樣的自己，命運所帶來的考驗並沒有擊毀她，跌倒後再次迎風向前，並帶著微笑說著：「路縱崎嶇亦不怕受磨練。」原來人生也可以活得這樣的多姿多彩，這就是我最愛的媽媽一生的寫照！

祝願各位姨姨在以後的歲月裡，都繼續開心笑着迎接每一天，創出更輝煌燦爛的一頁，同時讓更多需要的人得到幫助！

七色中的紫色，有著智慧、尊嚴的意思，而穎然的媽媽自參加展晴社後，從患病的失落中重生過來，更獲得十大再生勇士獎，愈活愈有尊嚴。雖然媽媽已離逝，穎然卻因著母親的經歷，給她留下了深刻回憶，她也承傳了母親的愛與關懷，讓她在以後的路上作為明燈指引。她母親的生命如同彩虹一樣，雖短暫卻美麗。能學懂把它的光芒，轉化成為勇氣來面對困難，人生必定會活得更加精彩！

想不到，七個故事有七種感受，也讓我重新思考自己一路避談的過往。不能否認是自己仍未放下，然而他們的堅毅勇敢，觸動了我的心靈，教我心中漣漪洶湧泛濫，腦海不斷回憶著他們每個人的故事。

晴：「今日的見面可以嗎？還有沒有什麼需要？」一把溫柔的聲線，把我從思緒拉回現實。

琴：「可以，當然可以，暫時未有其他需要。」匆忙地回應著。

晴：「那就好了，若想到有什麼需要，可以隨時跟我們聯絡喔！」

琴：「好的，多謝展晴社給我這機會，讓我認識你們，看到你們的美麗。人生滿有能量，確實充滿色彩。」

時間過得真快，不經不覺要離開了，跟他們道別後，一個人在醫院走廊中，回味著他們的故事。步出大門外，已見陽光出來了，還偶爾看到一道彩虹，由左至右，隱約包圍著醫院，像是一道保護膜，讓人感到安全，寧靜，舒適。以往心中的鬱結，像是突然隨著心扉敞開，不期然笑了起來。起初以為是我去幫他們寫書，實際上卻是他們幫了我。離開會客室後我覺輕省了很多，充滿了力量。找到自己方向，其實也可活出精彩人生。

人生就像坐火車一樣，可以在不同的站下車欣賞風景，或是一生勞碌奔波到尾站，才驚覺錯失很多風景。無論如何，活在當下，放鬆心情，還是可以活得精彩。車來了，準備下一站，好好享受我的人生。

彩虹仍在，邁著輕快的步伐前進，身後的醫院逐漸變得越來越小，緩緩地消失於視線……。

第三章

中醫西醫座談會

「乳癌」~ 令女性聞者色變，新症個案與日俱增，近期已上升至每十四女性，便有一人患上乳癌。一旦患上乳癌，多數病者都會以西醫醫治為主，也有部份病者再輔以中醫調理。在中、西醫的角度上，究竟如何看待這愈來愈普遍的病患？透過宋醫生與林醫師的對談，或者會令你有所領悟！

宋崧 醫生　東區尤德夫人那打素醫院
臨床腫瘤科部門主管暨顧問醫生

林道儀 博士　香港註冊中醫師

Kannie　本會會員義工記者

?1

Kannie： 香港女性似乎對乳癌自我檢查的認知度不高，
應如何加強這方面知識的推廣？

宋醫生： 我認為可由不同渠道作出宣傳，例如政府、社
區組織等。從多方面讓多些人認識，增加市民
對乳癌的認知度。其中，乳房腫瘤篩查的推廣，
也是一個方法。但無論如何，任何推廣宣傳都
不及自我檢查乳房，來得直接地觀察自己。

林醫師： 其實很多中醫師都不會主動提醒病人作自我檢
查，只因我曾是護士，才有這種認知，故會提
醒病人在這方面多加注意。

?2

Kannie： 正確的自我乳房檢查應該是怎樣？

宋醫生： 其實很簡單，只需要利用自己一雙手就可以撫
摸乳房檢查有沒有硬塊。因為乳房是在身體外
面，而非在身體之內，檢查相對較為容易。若
發現乳房有異樣，應要立即求醫。另一方面，
也可透過乳房造影來進行篩查檢測。基本上，
乳房惡性腫瘤的機會並不是佔多數，因為乳房
病患大多都是良性。但最重要的是定期自我檢
查，再配合醫生進行超聲波或乳房 X 光檢查。

林醫師： 因自己曾有良性腫瘤，故自 40 歲開始已習慣每
兩年做一次乳房 X 光檢查，而每年均做超聲波。
我都會建議婦女在月經後自我檢查，不少病人
都是經自我檢查發現病徵而及早醫治。

?3

Kannie：　中醫、西醫的醫治乳癌方法是怎樣？

宋醫生：　西醫的角度會以清除腫瘤為目標。基本上，西醫會根據癌細胞的種類，而設計出不同的醫治方案，包括了手術割除腫瘤，及不同組合的輔助治療，例如術前或術後抗癌藥物治療（俗稱「化療」），是否需要放射治療（俗稱「電療」），標靶藥及安排服用荷爾蒙藥等等。

林醫師：　雖然腫瘤多數是良性，但不排除有機會是惡性，故會建議先確定診斷是良性還是惡性，才選擇中醫藥是否第一步。中醫師是不能單靠把脈便知道屬性，特別是如果病人是年輕的，惡細胞的生長會很快，所以先做診斷確定屬性，再確定用什麼治療方式。

?4

Kannie：　若有懷疑，應該先找那些醫生？

宋醫生：　如果懷疑乳房有腫塊，應先找外科醫生診斷，乳癌確認通常需要抽取病患組織化驗確診，然後再根據腫瘤的性質來制定治療方案。

林醫師：　當然，最快解決惡性瘤，必定是用手術方法去除。如果是良性瘤，病人可以決定用哪種方法，做手術還是只作監察。現在亦有病人先化療才做手術，但大前提仍是先找外科醫生抽組織化驗是否確診。我不主張在未知腫瘤的屬性情況下，於患處做針灸或推拿，這是危險的。

5

Kannie：目前的治療方案是怎麼樣？

宋醫生：西醫角度是以手術為主，割除腫瘤，再配搭不同的輔助治療來達到根治乳癌的效果。乳癌其實可以依據病理及基因的表現，分成不同種類，例如管腔 A、B 型、HER2 型、三陰型等等，所以現在會根據乳癌的種類，個人體質等情況而提供不同的治療方案。而方案會因應病人情況而有不同的組合，例如術前術後化療、電療、標靶治療等。所以近年的治療會更加個人化及精準化，也為病人帶來更理想的治療計劃。

林醫師：其實中醫治療不止是服用中藥，亦有針灸、耳穴、食療及運動等。若西醫治療期間擔心服中藥會「相沖」，我建議在化療期間，可用針灸、食療來提升體質，待化療完成，才以中藥調理。不過，曾有西醫看到病人的白血球過低，會認為不妨以中藥加強扶正，有一定的功效，讓病人可以依時完成療程。

6

Kannie：在西醫方面，醫治癌症的方案愈來愈多，而藥物也愈來愈進步，治療的成功率是否也提高了？

宋醫生：現時香港所採用的治療癌症藥物是通過了嚴格及反覆的科學研究求證，證實了治癌的成效，全屬國際認可。科學研究不會暫停，我們看見了乳癌治療不停有新的突破，治療的成功率也不斷的提升。

?7

Kannie： 坊間認為睇中醫就是食有藥性的中藥，是否正確？

林醫師： 其實中醫治療的範圍廣泛，包括有藥材、針灸、耳穴、運動、食療。除了有藥性的中藥外，還有些是沒有藥性但可紓緩病情的針灸和食療，所以睇中醫並不一定是吃中藥，而是還有其他輔助性的診治方法。但在化療期間，要慎選方式，並且應該找一位有經驗醫治癌症的中醫師。

?8

Kannie： 有病人覺得做手術、化療或電療會傷身，寧願先看中醫，希望以中藥消滅癌細胞，大家會有什麼意見？

宋醫生： 在適當時運用中醫藥是沒有問題的。但我們會擔心有些病人在化療期間服用中藥，有可能會影響治療效果甚至產生不必要的副作用。如有需要尋求中醫協助，我會建議諮詢腫瘤專科中醫師，以商量中醫治療的部份。

林醫師： 我知道會有這類病人，曾有病人由著名中醫師治療，所用的中藥都是針對癌症，對抑制癌症有幫助，但最大問題是，病人同步做化療，因此出現了肝酵素升高的問題而延期化療。亦試過有乳癌病人，同一時間接受中醫治療及化療，只接受了一次化療，肝酵素過高，需要停止化療直至 2 個月後，肝功能才回復到可再作化療。

原則上在化療時用中醫是沒有問題的，但化療本身對身體有一定的影響，最擔心可能有些中醫師對西醫癌症治療不太熟悉，病人亦向西醫隱瞞有服用中藥，便可能引致藥物相沖。

Kannie： 應該何時睇中醫較好？從一開始或是治療中途，還是待整個治療完成？

宋醫生： 其實任何時間都可以開始尋求中醫診治，病人由手術至化療之間，是一段真空期，即手術後，化療前可先找一位有經驗醫治腫瘤的中醫師，用藥扶正，增強體質，或讓水腫消退，加快傷口的癒合，準備好身體接受西藥治療。

化療期間，會以安全為上，以食療，針灸及運動是最為妥當。例如八段錦，最初的三式是開胸動作，令身體的氣血循環更好，也有預防乳癌的功效。我個人認為在化療期間進行針灸是安全的，除非有服用薄血藥或血小板過低，亦緊記不要在癌細胞部位施針。針灸的效果顯著，不但可以紓緩不適，還可調理身體。

完成化療後，預計肝腎功能需要一個月的時間作恢復，之後才開始服中藥調理也不遲，不但可以調理身體，還可預防復發。

從 乳癌病人 到 病人互助組織

77

展⊙晴

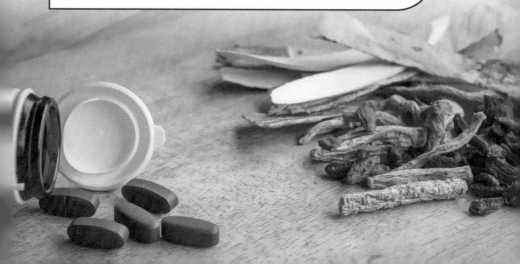

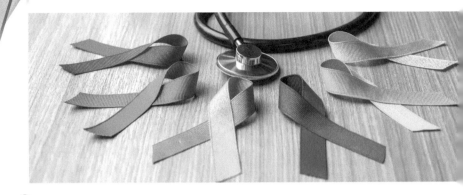

?10

Kannie： 會否有病人在確診後仍堅持以中醫治療或其他治療？

宋醫生： 會的，部份病人會採取另類治療的方式，例如自然療法，氣功等。

作為一個醫生，我會極力主張病向淺中醫，所以並不希望見到病人因為採取另類療法，而錯過了盡早消滅癌病的大好機會。

林醫師： 我有病人是這樣的。她已確診有 HER2 型乳癌，腫瘤有 7 厘米，因見到家人在治療期間好辛苦，只想用中藥治療。我第一天見她時，已力勸要做手術，陳述利害，然而她依然堅持服用中藥，幸好中藥治療發揮效用，腫瘤有所縮細，也沒有擴散，但每當她外遊便停服中藥，腫瘤便增大，最後才肯做手術切除。

另外有位長者，因年紀問題，也不想做化療，只以中藥及荷爾蒙藥控制，幸好效果還算理想。這些只是個別例子，不代表適用於其他病人。

11

| Kannie： | 中西醫的食療均有不同，應如何取捨？要不要戒口？ |

宋醫生： 我不主張病人過份戒口，否則會欠缺營養，特別在化療期間，化療時已沒有胃口，若然加上戒口，令身體失去營養，便沒有力量抵禦化療的破壞力，所以在這段時間更加不要戒口，總之喜歡吃什麼就吃，最要緊是保持身體狀態。大家可以參考並利用《食物金字塔》作為飲食指引，以保持健康的日常飲食。

林醫師： 中醫亦有不同的派系，我是固本培元派，深信身體虛弱，才會令癌細胞有機可乘。身體的脾腎兩臟是非常重要的，腎是先天之本；脾胃養腎，故脾胃功能需要重視，此謂後天之本。

透過飲食，可以護養脾腎，我是參考古代醫書《黃帝內經》，這與現代營養學的《飲食金字塔》有些相似，五穀類最多、多些果菜、適量肉類少鹽糖油、避免太補身的食物，如公雞、羊肉。乳癌病人不建議食含激素的食物，如高麗蔘、當歸、雪蛤膏及蜂皇漿等。

乳癌可以說是受情緒影響較多的疾病，所以在生活習慣上要多留意，例如長期「夜瞓」、緊張、執著，便要多注意乳房，容易會因為荷爾蒙失調而出現病變。有些中成藥是可以幫助入睡，而食療也有相同的功能，簡單如用龍眼肉、紅棗、百合、蓮子、雪耳煲水，亦有滋潤作用。

我始終建議用食療，而中藥是不能長期服用。因應四時變化，當時得令、新鮮的食材已經可以提供足夠的營養。春夏可用生熟薏米煲湯，有健脾作用；秋冬，就用沙參玉竹，可以滋陰潤燥。

?12

Kannie：目前在香港會否有中西醫會診的乳癌治療？

宋醫生：中西醫共診暫時在香港未有很流行，但我個人認為是可行的。有幾個條件要特別考慮，例如中醫及西醫最好都熟悉及了解病人在不同治療時期的身體狀況，兩位醫生會有緊密溝通的聯繫，雙方的藥物都適合用於該病人身上等等。

林醫師：沒有正式的會診，但也有試過有西醫看到病人在治療期間，白血球過低，會認為以中藥加強扶正，有一定的功效，可以讓病人依時完成療程。

?13

| Kannie： | 香港醫癌症的醫生，有沒有分類？ |

| 宋醫生： | 是有的。粗略來説，可依據醫生專業技術的治療範疇，例如抗癌藥物，放射治療，手術，來簡單分辨腫瘤科醫生的專業類別。在香港，就有臨床腫瘤科、腫瘤內科（藥物），及腫瘤外科（手術）專業的醫生。例如，我是臨床腫瘤科專科醫生，會專注以抗癌藥物和放射治療為市民服務。與此同時，部份醫生也會對治療某些癌症有所專長。以我為例，雖然各種癌症也要兼顧診治，但自己就特別對乳癌、婦科癌有額外的專注。

綜合而言，乳癌病人，會需要不同腫瘤專業（手術、抗癌藥物、放射治療）的醫生共同協助，以完成治療。 |

| 林醫師： | 國內可能有分，而我就沒有分，什麼癌症都會睇。

由於香港的中醫未有實行專科制，令到病人未知如何尋找適合自己的中醫師。國內會細分，例如有專治乳癌中醫師、婦科癌中醫師等。 |

?14

Kannie： 有哪些醫治的方法是你們不認同？

宋醫生： 西醫講求的是科學精神，治療方法要通過實驗求證功效。簡單來說，我不能完全認同沒有科學根據的醫治方法。我們明白，坊間有不同的抗癌方法，但最好還是先諮詢醫生，了解治療效果的支持證據，保護自己的身體。

林醫師： 自然療法、氣功等，只可作強身健體，不能作醫治方法。

treatment

?15

Kannie： 最後可否請兩位總結一下？

宋醫生： 當確診了乳癌便要立即求醫，不要延誤，越早醫治，痊癒機會率越高。乳癌治療的成功，是要依賴一群專業的醫護團隊，為病人制定個人化的綜合治療方案。綜合治療方案的組合，是取決於乳癌的類別及病情的期數，病人要相信醫護團隊，大家合作，共同醫治乳癌。

林醫師： 「病向淺中醫」，患病初期，病情較淺，盡快求醫，越早治癒。中醫是西醫的伙伴，治療癌症，必定是中西醫結合治療，比純以西醫或中醫治療效果更好，痊癒率更高。無論是西醫或中醫治療，最重要是患者遵循醫生的指示，互相合作，早日康復。

今次的座談會確實增加了這方面的知識，又明白及破解了當中一些的治療迷思。唔講唔知，原來我們病了，背後會有一隊團隊醫生為我們醫治，分別有外科醫生（腫瘤手術）、腫瘤科醫生（包括化療用藥、放射治療）和病理醫生（分析病理報告）等。無論如何，如果懷疑自己有乳癌，第一步是要見醫生檢查及確認診斷。發現了乳癌腫塊，記得要先見外科醫生，檢查情況。要知道乳癌是一個癌症診斷名稱，病症可有種類分別，醫治安排也會不一樣。因此，手術、藥物治療、放射治療等，會有不同的次序步驟及採用需要。乳癌治療是很複雜的，要治好乳癌，需要一群醫療團隊與乳癌患者並肩同行。所以，同是乳癌患者，會有不同的醫治方案，原來是這樣，讓我清晰了一點點。

而中醫方面，又讓我明白了過往對中醫的誤解。以往講睇中醫，以為只是吃中藥，但原來中醫治療所指的不止是服用中藥，中醫治療的範圍廣泛，包括有藥材、針灸、耳穴、運動和食療等。而治療期間，應慎選方式，並且應該找一位有經驗醫治癌症的中醫師。

有經驗醫治癌症的中醫師，會為病人在合適的時期，做適合的治療。例如在手術至化療之間這段時期，有醫師會用藥加快傷口的癒合，或讓水腫消退；在化療期間，也有會用針灸、食療來提升體質，或在需要時以中藥加強扶正，讓病人可以依時完成療程；完成化療及身體機能恢復後，便可安心服用中藥調理身體。

從中醫、西醫的座談分享，明白了每個人都有不同的醫治方法和方案，是因為每個人的體質不同，不能一概而論。當然，以上資料只作參考，所以若有什麼疑問，還是請教最熟識自己身體的醫生。無論如何，保持心境開朗和樂觀態度去生活，才是最有益的！

第四章

慧言雋語齊共賞

游子覺 醫生
臨床腫瘤科專科醫生

乳癌的支援

香港的乳癌新症個案近年一直上升,越來越接近歐美國家,相信與我們的西化生活和飲食習慣有莫大關係。要減慢升幅,減低個人風險,最實際還是保持健康的生活習慣、多運動、注重多菜低脂低糖飲食等。很多研究都指出,肥胖和缺乏運動都是患乳癌的高危因素。有些病友問,這些建議對已患上乳癌的病人還有幫助嗎?

絕對有!

第一,乳癌病人另一邊乳房日後再患上乳癌的機會比平常為高,約百分之六左右,所以除注意定期檢查外,亦要減低再患病的風險。

第二,運動和健康飲食亦可減低乳癌復發的風險,很多大型研究已證實這效用。這對接受荷爾蒙治療的病人尤其重要,因為皮下脂肪會製造女性賀爾蒙,很多病人服用的 AI(Aromatase Inhibitor)藥就是要抑制皮下脂肪產生雌激素!

第三,化療可能會令病人提早停經,增加骨質流失和日後的心血管毛病,AI 賀爾藥亦會增加骨質疏鬆的風險,運動和健康生活可抗衡骨質流失,再配合維他命 D 和鈣質補充劑和定期監察骨質密度,就能確保骨質健康了。

有小部分的乳癌是和遺傳變異基因有關,其中最常見的是 BRCA1 和 BRCA2 基因,有這些變異基因的病人,兩

邊乳房和卵巢患癌的風險都很高，所以在臨床的治療和跟進亦有所不同。BRCA 基因變異較常見於三陰性乳癌和年青病人。要知道是否有這些變異基因，就要安排特別測試。這些測試很昂貴或輪候時間很長，不過現時有藥廠可為高危病人安排免費測試，對象是三陰性乳癌病人，和部分 45 歲以下的晚期病人，詳情可向你的主診醫生查詢。

醫學進步，近年有多種乳癌新藥面世，療效顯着，但全都很昂貴，政府的支援也追不上，令不少病人負擔不了。現時有幾間藥廠提供病人支援計劃，部分需要符合家庭入息審查，其中包括 HER2 雙標靶藥治療（Herceptin 和 Perjeta），Kadcyla（一種將 Herceptin 和化療分子連結一起的藥物），Ibrance 和 Verzenio（一種口服的 CDK4/6 抑制劑，配合傳統賀爾蒙藥物，針對適合賀爾治療的晚期乳癌病人），請向醫生查詢你是否符合申請資格。

乳癌病人在治療和康復過程都需要各方面的資訊，但網上資訊繁多，有真有假，令人眼花撩亂。我建議病人可以向較可靠的組織如香港癌症基金會、香港防癌會和香港乳癌基金會等索取資料，他們都在港島和九龍設有中心，除提供檢查服務外，亦定期舉辦講座、康復者計劃和工作坊等，很多資訊亦已上載到互聯網。筆者亦曾編寫了一本「乳癌多面睇」，已更新至第五版，希望可以幫到大家。

祝各位早日康復，有能力的話，就向其他病友支援和分享吧！

蔡自怡 醫生
東區尤德夫人那打素醫院外科部門顧問醫生

手術的發展

乳癌 —— 堪稱西方女性頭號殺手。

1894 年一位美國外科主任提出乳癌根除手術,雖然疾病得以控制,但病者的外形卻造成極大的破壞。

從前,東方女性對乳癌手術對身心的傷害總是默默接受。隨著時代的演變,香港人的生活日漸西方化,乳癌在本地也日漸普遍,婦女對此病況的認識亦有所增長,癌細胞控制和術後外觀都是乳癌手術的重要指標。

1990 年,意大利外科教授發表針對早期乳癌進行乳房部份切除術(BCT),取代改良型乳癌根除術(MRM),然而,乳房全切除在較後期的腫瘤仍然是需要的。其後,皮膚保留乳房切除術及乳頭乳暈保留乳房全切除術,並立即重建手術相繼提出,外觀改善是持續進步的。

乳癌手術對外科醫生的要求也日益提升。手術要講求術後美觀,從下刀的切痕就要講究。乳腺外科醫生紛紛前赴歐美取經,學習整形式乳房保留手術的方法。由於西方女性的乳房形態跟亞洲女性不同,日本韓國也提供不錯的培訓機會。乳腺外科醫生加深對乳房解剖學和乳房整形學的認識,便不用轉介整形外科團隊接手跟進,為病人帶來方便。

一般乳癌手術會在患側乳房留下超過 8 厘米的傷口,腋下或需附加切口作淋巴清除。患者術後每每看到胸前的傷口,就會感

受到乳癌的陰影及女性象徵的破損。微創手術是外科手術的大趨勢，其特點為手術傷口微小，術後疼痛減少，病人康復加快。

過往內視鏡微創乳房手術的應用大多是在隆乳手術，較少用在乳癌治療。主要是乳房本身沒有空間和大部份乳房腫瘤也相當表淺可以直接用開放式處理，不需要額外使用內視鏡手術才可能進行。但目前內視鏡（手術機械人協助）已被逐漸應用於各種乳房手術，尤其是皮膚保留型或乳頭乳暈保留型乳房切除手術，及合併乳房重建（立即或延遲性）。

內視鏡微創手術藉由單一腋下傷口導入內視鏡輔助進行乳線組織剝離，盡量保留皮膚，術中可從同一傷口做淋巴切除，也可同時植入矽膠等義乳或合併自體皮瓣乳房立即重建（背闊肌）。手術時間較傳統非微創手術稍長，但是美觀度卻大大提升。

估計在不久將來，乳癌微創內視鏡手術會成為乳癌開刀治療的主流選擇。在未來的日子，期望外科部繼續發展，跟其他醫療及非醫療團隊通力合作，成立一個全方位的乳癌治療團隊，努力為乳癌病人提供最安全，最有效、最完善的服務。

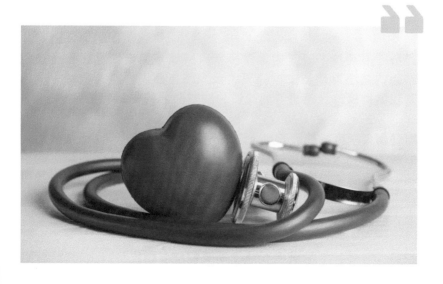

龔詩仁 醫生
整形外科專科醫生

新展晴之路
A Brightening Path

親愛的朋友們：

我懷著非常榮幸和自豪的心情在此祝賀「展晴社」成立 25 周年。
回想起當初協會成立的主要目的是協助確診的乳癌患者。協會始
創人希望乳癌患者能在面對診斷結果及治療時能發揮助人自助的
共濟精神、互相扶持，並彼此鼓勵重享正常生活。雖然時至今日，
對好多人來說，不論男女當得悉惡耗時，依然是一個可怕的事。
但現時的醫學科學與本會成立之初（1996 年）已出現巨大的變
化。乳癌患者可有更多不同的治療方案去選擇，不同階段的乳癌
患者的預後（例如存活率，死亡率等）都得到了明顯改善。

現時大部分的早期乳癌確診者可以在香港接受適當的治療。選
擇合適的治療方案，患者可以克服副作用，並重享正常的生活。

對於「展晴社」及其姐妹會多年來持續不懈地為乳癌患者提供
出色的義務護理及支援服務，我深感自豪！特別感激每一位協
助我的新確診乳癌患者的成員，謝謝你們的支持和指引。

對任何人來說，被確診患上乳癌是個惡夢，更需要患者展現堅強
的毅力面對。患者選擇接受合適的治療不僅需要臨床醫生的諮
詢，更需要曾經歷治療旅程的朋友關懷及指引。「展晴社」提供
這平台讓患者發揮助人自助的共濟精神，對治療過程極其重要，
並大有效益。讓每位患者發光之餘，同時為不同生命帶來亮光。

祝願「展晴社」持續長久地協助乳癌患者在抗癌路上發光發熱！

Dear Friends,

It is with great honour and pride that I write to congratulate the Brightening Association on its 25th anniversary. This association was established to help those have been diagnosed with breast cancer. The aim of the founders was to help each other ease as they cope with the diagnosis and treatment of breast cancer in order to live a normal life despite everything.

Today both women and men continue to be diagnosed with breast cancer often and to many a disastrous event. But what has changed is that medical science has today is vastly different from 1996. The treatment armamentarium available for patients diagnosed with breast cancer has vastly increased such the prognosis has improved considerably for all stages of the disease.

Today most patients who are diagnosed with early stage breast cancer will be able to receive the necessary appropriate treatment in Hong Kong. With the appropriate treatment, the side effects can be overcome and they should live a normal life.

I am proud that the Association and its sisters continue to do excellent voluntary care and support for all breast cancer patients. I am especially grateful for the members who come to help my newly diagnosed patients and offer their support and guidance.

The diagnosis of breast cancer is a shock to anyone and coping it demands considerable fortitude. Choosing and getting the right treatment needs not just the clinician's guidance but relating with and guided by a sister/brother who has previously started and is making the journey is very important, helpful and reassuring. This is the role of Brightening... long may it continue.

Sincerely,
James Kong
Specialist in Plastic Surgery

從乳癌病人 到 病人互助組織

展晴

廖軒麟 醫生
整形外科專科醫生
香港淋巴水腫協會創會人

乳癌與淋巴水腫的關係

甚麼是淋巴液？

血液循環是身體裏一個很重要的系統，血液經過循環系統運送到身體各部分。這個循環系統是由動脈和靜脈系統組成。

血液運行到身體組織其間，會形成一個副產品，這就是淋巴液。淋巴液是一種透明略帶黃色的液體，成分與血漿相似。

甚麼是淋巴系統？

淋巴系統是由淋巴管、淋巴器官和淋巴組織組成。淋巴液在淋巴管道內流動，連接着淋巴器官。淋巴器官包括扁桃腺、胸腺、脾臟及遍布身體各處的淋巴結。

淋巴系統的三大功能

1. 運送淋巴液 —— 淋巴液的最後目的地是靜脈系統
2. 後天免疫 —— 身體如果受到細菌病毒的入侵，很多時這些東西都會先進入淋巴系統。淋巴液就會將這些細菌病毒帶到附近的淋巴器官例如淋巴結，將他們消滅。
3. 吸收脂肪 —— 在腸道黏膜的小淋巴管負責吸收脂肪和脂溶性物質（如一些維生素），成為所謂的乳糜，這些營養經由淋巴系統進入血液。

甚麼是淋巴水腫？

當淋巴系統受到破壞或者先天發展不良，淋巴系統就會失去運送淋巴液的功能。

之前提到，淋巴液最終的目的地是靜脈系統。如果淋巴亦不能被運送到靜脈系統，就會積聚在皮下組織，形成淋巴水腫。

淋巴水腫的成因

在香港，淋巴水腫最常見的成因，是因為癌症及其治療所引起。乳癌和及其治療，可引起上肢淋巴水腫。婦科癌（即子宮頸癌、子宮癌及卵巢癌等等）及其治療，可引起下肢淋巴水腫。

為甚麼乳癌病人會容易患上淋巴水腫？

一般乳癌，儘管早期，也有機會擴散去淋巴；所以乳癌手術無論是全乳房切除或是部分局部切除病人，都要進行腋下淋巴手術。腋下淋巴切除包括前哨淋巴切除和腋下淋巴清掃手術 。而乳癌患者接受完手術後，還有機會需要接受電療。

這些治療（手術和電療）都會破壞腋窩的淋巴組織，造成淋巴阻塞，引致水腫。由於淋巴組織不會再生，淋巴水腫這個病不會自行康復。

淋巴水腫會引起甚麼問題？

除了水腫的部分會變得沉重之外，淋巴水腫的肢體都會很容易受到細菌感染，即時蜂窩性組織炎。下肢淋巴水腫的病人，有機會出現慢性傷口及淋巴液滲漏。

肥大的肢體也會引起社交上的不便。有很多的病人就跟筆者説，他們不喜歡搭巴士。因為他們握扶手的時候，很多時會引起奇異的目光和旁人的詢問。在職場上，肥大的上肢，也有機會令人懷疑患癌的歷史，引起不便。

治療方向

淋巴水腫是一個慢性病， 到目前為止這個病無法完全根治，患者需要學習與這個病共存。治療可以分為三個層面：基本的肢體護理、保守治療和手術治療。

肢體基本護理

水腫肢體最大的敵人是細菌感染。

每一次的細菌感染，都會破壞剩下的淋巴管，令到淋巴功能越

來越差。水腫的情況也會變得越來越嚴重。

基本的日常護理是避免在淋巴水腫的肢體上有傷口,例如保持手腳乾淨乾爽、避免蚊釘蟲咬、戒除一些壞習慣包括咬手指 / 指甲。患有皮癬菌病或灰甲的話(即真菌感染),就要立即醫治。

除了細菌感染之外,患者應該避免穿著會束緊手腳的衣物,以避免水腫惡化。
肥胖也會令水腫變得更加嚴重,患者應該注意體重。

物理治療

根據「國際淋巴學會」,治療淋巴水腫的國際標準稱為「整合性退腫治療」,這包括:

1. 徒手淋巴引流 Manual Lymphatic Drainage(MLD)
利用獨特的皮膚伸展按摩手法,刺激淋巴系統吸收淋巴液,加快淋巴循環,減輕水腫徵狀。

2. 繃帶治療 Bandaging
利用低彈力繃帶,引導及加快淋巴循環。繃帶的壓力控制是非常重要,會因應水腫程度及皮膚纖維化徵狀作出相應的治療,需要時會額外加墊來調節壓力;當情況改善及穩定,可穿著合適的壓力衣物來控制。

以上的治療,需要由受過訓練的治療師教授。

重建性手術治療

淋巴水腫手術近年發展得很快,主要原因是超級顯微外科手術技術越趨成熟。令以往因為技術侷限而做不到的重建性淋巴手術,成功率變得更高。

重建性淋巴水腫手術的目的是要重建淋巴回流。手術需要利用游離皮瓣移植技術、顯微外科和超級顯微外科的技術。

重建性淋巴水腫手術例子有
1. 淋巴管靜脈吻合術（lymphaticovenous anastomosis LVA）
2. 淋巴移植手術（vascularised lymph node transfer VLNT）

淋巴移植手術
淋巴移植手術是其中一種重建性淋巴水腫手術。
英文的學名是 Vascularized Lymph Node Transfer（簡稱 VLNT）。

淋巴移植手術的原理就是，從身體其他地方借用淋巴組織，再將組織移植到淋巴阻塞的位置，從而舒緩淋巴阻塞。被移植的淋巴組織也會擁有像海綿一樣的功能，將積聚在皮下組織的淋巴液帶走。

對於乳癌治療後的上肢淋巴水腫，整形外科醫生會從患者腹股溝（供區）提取淋巴結皮瓣。在供區，淋巴結皮瓣的動脈血管和靜脈血管會被切斷。

然後淋巴結皮瓣將被移植到腋窩（受區）淋巴阻塞的位置。整形外科醫生會在顯微鏡下，將淋巴結皮瓣的動靜脈血管重新接駁。血管接駁後，才能重新得到血液供應，在受區繼續生長，發揮功效。

最後…
淋巴水腫雖然是不能夠完全治癒，但隨著保守治療和手術治療的進步，更多的患者可以重投正常社交生活。

各位病友請保持信念，不要放棄！

吳如花 女士
臨床心理學家

心隨境轉 樂天知命

展晴社慶祝銀禧了！一個義工組織，能夠走過 25 個年頭，肯定不容易，實在值得慶賀！

承蒙主席邀請，從心理專業角度，寫一些應付乳癌的小貼士，鄙人不敢怠慢之餘，又確實有點為難。不是嗎？從來都是展晴社的姊妹和其他重症病友，教曉我如何積極應對危疾的挑戰，我那有本事談甚麼貼士？對，不如就從我過往接觸病友的經驗中，嘗試理出一點頭緒吧。

面對突如其來、可能威脅性命的頑疾，驟然失去健康、能力、計劃好的前程、對將來的期望、對自我或生命的掌控感，感到恐懼、憂慮、憤怒、無助、抑鬱、失去希望，大家應該不難理解。大部份病者沉澱下來，不管樂觀與否，都會面對現實，嘗試可行的治療和適應患病後的轉變。

但有一小撮人，卻會持續消沉，強烈絕望，甚至走上自毀之途。到底是甚麼因素，令人產生如此極端消極的反應？

是因為孤立無助、缺乏支援嗎？是的。不過，文獻資料顯示，尋死的癌症患者，身邊往往都不缺可靠的親人朋友，這正正告訴我們，讓人感覺孤單的，很多時並不是客觀環境，而是個人主觀的自我孤立。相信大家或多或少都經驗過，自己一番好意去安慰或開解別人時，對方的回應卻是：「病嗰個又唔係你，你梗係講得輕鬆，我幾痛苦你點會明！」、「樂觀啲，積極啲，邊個唔知啫？講就易，做就好難囉！」當我堅信無人能理解我

的處境、明白我的艱難痛苦，所以「講乜都係廢話」，自然感到孤立無助，沒有出路。

自我孤立其實也反映了個人的執著。渴望別人明白自己的感受，是人之常情，但不能忽略一個事實，病痛及身心的感覺都是個人的、主觀的經歷，旁人無論如何樂意去體諒分擔，都絕對不可能完全明白個人的感受，更不可能分去絲毫痛苦！

不去執著別人不會明白自己的感受或痛苦，珍惜身邊人真心的關懷、陪伴、聆聽和支持，甚至教導對方該做或不該做甚麼去令自己好過一點，才會令自己感覺到有人可分擔，不是孤單的。

執著的，可能還包括不能承受生命原來是不確定的、不完全受自己控制的，不能接受在「理所當然」的人生路途中遇到不能逆轉的打擊、不再是照顧別人的強者、甚或會成為別人的負累，更不願意妥協去接受和適應「不應該」的轉變和充滿變數的將來，否定「被摧毀」的將來還會有希望。「我唔忿氣」，「點解個天對我咁唔公平？」，「點解我要受咁嘅苦？」，「既然

都唔會好番,為乜仲要受咁多苦?」…… 我沒有宗教信仰,卻也喜歡引用一些富人生智慧的經文/詩歌:「祂 未曾應許 天色常藍,人生的路途花香常漫;…… 我們不遇苦難和試探、懊惱、憂慮;……」,「諸行無常,一切皆苦。」要能以平常心面對苦難,確實需要信仰(不等同宗教),相信不測和痛苦是人生的必然部分,相信自己挨得苦痛,相信總會有路走(雖然不一定是最想揀的),自然有希望。

希望並不是天真地相信明天必定會更好,而是以現實的態度面對頑疾及其帶來的改變,接受適當但不過份的治療,積極投入生活,維持切合現狀的目標和期望,相信身邊總會有人支持我,幫助我減輕痛苦,預備面對各種可能的結果。即是合理地抱有希望:希望最好的會發生,同時也作最壞的打算(hoping for the best, preparing for the worst)。

「知道自然生滅演變之理,順應天意的變化,樂守本分,隨遇而安」,是謂樂天知命。

展晴社的使命和工作,恰恰就是不讓乳癌病友感到孤單,鼓勵及協助病友適應因病引起的生活轉變,一起積極地面對癌病,在憂患中重拾希望。展晴社的姊妹,身體力行,感染後來的同路人,捨孤立,戒執著,懷希望。

我總不嫌譖贅,一再強調,感激展晴社的姊妹和其他病友,讓我領教到何謂樂天知命。「煎炸嘢咁好味,點解唔食?使乜驚,唔係成日食咪得囉!」,「個病同治療搞到皮膚暗啞,梗係著得鮮色啲,化個靚妝,自己見到都開心啲,理得人點睇!」,「係擴散咗呀,唔諗咁多喇,醫生話可以點醫咪點醫囉,總之我覺得精神,就照樣周圍去,做我想做嘅嘢,屈喺屋企好悶啫!」,「我而家唔理個衰人喇,費事動氣,專心享受自己鍾意做嘅嘢,自己氹自己開心。」看見她們笑對不測,我是打從心底折服!

晃眼間，跟展晴社的邂逅竟已四份一世紀，真個又驚又喜又感恩！

在此祝願展晴社能繼往開來，不斷發光發熱，讓更多乳癌病友得到支援啟導，樂天知命，活得更精彩。

也希望能與展晴社各位姊妹繼續互勉！

林卓瑤 營養師
東區尤德夫人那打素醫院營養部營養師

乳癌與飲食

乳癌是香港女性最常見,同時亦是第三位致命的癌症。現時有不同種類的療程醫治乳癌,包括切除手術、化學治療、放射治療、標靶治療和荷爾蒙治療。醫生會依據臨床檢查、癌症分期、擴散程度等為病人制訂合適的治療方案。不同的治療可能會引起不同的副作用,副作用程度亦會因應病人的身體狀況、不同的藥物而有個別差異。

有些副作用或會影響進食或身體荷爾蒙分泌,繼而影響體重、血糖血脂等指數。所以乳癌病人在治療的不同階段,都有相應的飲食需要,亦可考慮以下的飲食建議:

治療前
乳癌病人應從均衡飲食中攝取充足的營養,避免偏食,有助在治療過程中維持體重及降低感染風險。除非患者體重過輕,否則在治療前不建議刻意增加食量或增重。如治療前體重指標為過輕、體重下降或食慾不振,可諮詢營養師的意見,開始飲用營養飲品。

治療期間
身體需要不同的營養去配合療程:

1. 切除手術
完成切除手術後,病人應以高蛋白高熱量飲食為主。高蛋白質的食物,如肉類、魚類、雞蛋、牛奶、豆腐或豆製品,有助修補細胞組織、促進新陳代謝、增強身體免疫力。而進食高蛋白

質食物的同時，要進食足夠熱量，即粥、粉、麵、飯等澱粉質，否則食物中的蛋白質或身體的肌肉會被消耗以彌補熱量的不足。另外，多進食含豐富維他命 C 的蔬果，如橙、奇異果、西蘭花，可促進傷口癒合及增強抵抗力。

2. 化學治療、放射治療和標靶治療

接受療程時，維持體重及免疫力最為重要，因為體重的上升或下降都會影響療程的進度和效果。在此階段，病人經常面對的副作用或會影響進食，導致體重及免疫力下降。

較常見的副作用包括： 胃口欠佳、噁心或反胃、嘔吐、味覺改變、腹瀉或便秘。

如病人出現胃口欠佳、噁心或反胃等狀況，切忌強迫進食，反之，可在正餐加添一些甜酸口味及顏食鮮艷的食物作裝飾，如番茄、菠蘿、三色椒，以提升食慾。此外，亦建議病人少食多餐，在餐與餐之間增添高熱量高蛋白質的小食，以補充正餐缺乏的營養。病人亦應盡量減少飲用低熱量飲料，如茶和湯水，並以高熱量高蛋白的飲品，如奶昔、中式糖水、營養奶等代替。若噁心、嘔吐的情況持續，建議嘗試進食乾的穀物類，如餅乾和麵包，及避開氣味強烈的食物，以減低噁心的感覺。需要時，病人亦應按照醫生指示服用止嘔藥物。

另一方面，當病人在治療期間出現味覺上的變化，可以利用薑、檸檬汁、香草等天然調味料烹調食物。若病人受副作用影響，無法從正常飲食攝取足夠營養，可詢問營養師的意見，以防體重過度下降。

除此之外，有便秘問題的人士要有適量的運動，並多食高纖食物，如全麥麵包、糙米、蔬菜、連皮的水果，以刺激腸胃蠕動，有助排便。相反，出現腹瀉的人士則需要減少進食高纖食物，多選擇低纖維食物如白麵包、白粥、瓜類，並以容易消化的食

物為主。便秘或腹瀉的人士都需要多喝流質，以促進便意或補充因腹瀉而流失的水分。

3. 荷爾蒙治療

荷爾蒙治療是透過減少身體生產雌激素，從而遏止癌細胞生長。此治療令荷爾蒙分泌有所改變，或會引致血糖、血脂、血壓異常及體重上升。因此，接受荷爾蒙治療的人士除了進行三高管理外，應保持均衡飲食及適當運動，以維持理想體重。

此外，乳癌荷爾蒙治療中，常用的芳香環酶抑制劑（aromatase inhibitor）容易增加骨質疏鬆，甚至骨折的風險。所以服用芳香環酶抑制劑的病人應增加鈣質攝取，多選用高鈣食物如牛奶、加鈣豆奶、豆腐、深綠色蔬菜。另外，每天在陽光下運動 30 分鐘，不但可以令身體產生更多維生素 D，從而增加腸胃對鈣質的吸收，而且可以強化肌肉，減少跌倒及骨折的機會。

治療後

部分乳癌病人在接受療程期間體重增加。主要原因是熱量過剩、因疲倦而欠缺運動或荷爾蒙藥物所致。然而，研究發現肥胖會增加患乳癌的機會。所以在完成治療後，為了預防癌症復發，康復者應維持理想體重，過重的人士需開始體重管理，注意飲食，並每星期最少運動 150 分鐘，限制飲酒及避免吸煙。

至於飲食，建議康復者可多進食高纖維的穀物類，如紅米、糙米、麥皮等代替白米和白麵包。同時，每天應多進食多元化的蔬果，它們除了提供纖維，亦含有豐富的維他命、礦物質及抗氧化劑，可以加強身體的免疫力，降低罹患不同癌症的風險。要預防癌症復發及保持理想體重，亦應少吃高飽和脂肪及反式脂肪的食物，如肥肉、加工肉類、煎炸食物，另應避免高糖份食物，如甜飲料、朱古力，和減少進食高鈉的食物，如薯片、醃製食品、過量調味料。

坊間流行癌症飲食疑問

1. 乳癌病人在治療期間需要戒吃醣份或碳水化合物嗎？

一般來説，癌症治療期間是不需要戒食任何一種食品。攝取多元化食物才能得到充足的營養。醣份或碳水化合物為身體提供熱量，是不可缺少的元素。

2. 乳癌病人可以吃雞或海鮮嗎？

雞肉是含豐富蛋白質的食物，有助促進新陳代謝，細胞修補和提升抵抗能力，促進健康。部分癌症病人擔心雞肉含激素，所以會避免進食雞肉。然而，現時政府有立例規管激素的使用，並會定期抽樣檢驗，故不需擔心。同樣，蝦、蟹等海鮮是高蛋白質的食物，只要病人沒有對海鮮過敏便可進食。

林彩紅
東區尤德夫人那打素醫院臨床腫瘤科資深護師

雨過天晴

醫院管理局香港癌症統計中心指出 2018 年女性乳腺癌的病發率，已經升至每 14 個婦女便有一個確診，而且 50 歲以下的年輕女性發病率也有上升的趨勢，這個警號提醒婦女們要留意自己的身體狀況，每月的自我觸診乳房及定期乳房造影檢查，都是作為醫護人員健康教育的責任及建議，最重要的就是病向淺中醫，切忌諱疾忌醫！雖然乳腺癌的病發率高，但治癒率也是相當的高，這個結論可以從病發率及死亡率的數據證明！

治療乳腺癌的方法，近年無論手術及輔助的治療都有突出的進步，例如先用雙標靶及化療作為手術前的治療，讓腫瘤顯著的縮細，病人便可以選擇不需整個乳房切除，減低病人個人形象上的影響及擔憂。另外，嶄新口服標靶藥物的面世，為擴散性乳腺癌病人帶來治療的希望，醫學上的進步，也鼓勵病友們不要氣餒，積極面對自己的生活，這都是作為醫護人員的期盼！

現今社會資訊發達，市民可以從不同途徑了解疾病的發生及治療方法等，這是社會進步的可喜現象，雖然仍然有一小撮病人到病入膏肓才不得不治療，這個也反映了人的性格也主宰着命運，因為越積極面對現實去尋求治療，結果一定會是很不一樣。

我曾經是一個外科護士，見證過病人做手術的過程，之後在腫瘤科工作，也見證著病人接受化療及電療等的不同階段。我喜歡用天氣去形容病人治療的心路歷程，由懷疑病徵至等待檢查結果，由確診至等待手術，由手術後至等待病理報告，由術後復原到等待化療或電療，由治療完畢至進入康復，這些不同的階段都如天

氣一樣變幻莫測，一定有狂風雷暴、晴天霹靂、烏雲蓋頂、驟晴驟雨的時候，也一定有雨過天晴及風和日麗的日子。正如人生一樣有起有跌，只要你不怕跌倒，傷口一定可以復原。當然，在狂風雷暴之下的日子真的是不容易，等待的時候感覺是很漫長，所以，治療期間最重要的元素，就是病人自己的心境。當你控制不了狂風雷暴的來臨，你惟有去接受這個時刻，面對現實，這個艱難的日子一定會過去！

作為一個女性，可以有多重身份及角色，例如在職婦女，有工作，又有家庭；作為妻子，作為母親，作為女兒，甚至是情人，當面對疾病及治療，每個角色要擔憂的事情加起來，猶如泰山壓頂，透不過氣來。除此之外，女性有一個普遍的性格特徵就是多愁善感，這種女性特徵，增添了乳癌病人的不少壓力，這些壓力也不知不覺間增添了其他的問題，例如失眠，心跳，脾氣暴躁，甚至有抑鬱等情緒問題。如果將所有擔心或面對的問題分析開，一步一步去解決，也嘗試不要浪費精神去思慮未發生的問題，學習活得輕省一點，例如：做手術期間只要聚焦處理傷口的問題，不要擔心化療引致的問題；做化療第一針就只專注當前的副作用，不要憂慮如何面對第二針。

治療期間所引致的各種問題，醫護人員都很樂意為病人解憂，尤其是身體方面的不適，例如術後的疼痛、化療的嘔吐不適、電療後的皮膚問題等等。除此之外，病人互助組織都擔當一個重要的支援角色，東區醫院的「展晴社」展現了病人之間同舟共濟，互相扶持，病友之間有著同病相連的話題。康復者參與活動，又或身體力行地組織活動，例如探訪及輔導工作，用過來人的經歷去鼓勵及安慰治療者，大家如何在困難中渡過，既幫助別人也幫助自己更堅強、更堅定及積極去面對漫長的康復路，衷心佩服及讚賞康復的義工們！「展晴社」已經成立了 25 年，見證著不同的人生故事，亦見證了如何從病患中活出精彩人生，在往後日子仍肩負重要使命，承傳愛心關懷，展現放晴的人生！祝願「展晴社」繼續發光發亮，康復者身心康泰！

林道儀 博士
註冊中醫師

中醫看婦女癌症的發病

轉眼間認識展晴社已 10 年，我很榮幸這幾年能成為展晴社的中醫顧問，參與展晴社不同的活動。無論是中醫講座或周年活動，我都很高興能夠跟大家一起渡過。

今年是展晴社 25 周年，適逢新冠肺炎傳遍世界之時，大家要努力洗手、戴口罩、限聚、甚至隔離，保護自己和身邊的人。生活常規的轉變，相信這世代的人，此生難忘。

然而，展晴社的宗旨之一，是發揮互助與助人的共濟精神，讓參加者能彼此鼓勵與關懷，一起積極地面對疾病。在中醫角度，情緒對於乳癌和婦科癌，是其中一個主要發病原因，因此盡量以樂觀態度來積極面對，對於疾病的治療和預防，有著重要意義。

縱使因疫情不能參加各類實體活動，我相信大家都可繼續以不同的聯絡方法，互相慰問和支持，彼此間的情誼，不會因此而轉淡，仍可一起積極地面對困境或疾病。

由於展晴社的服務對象是乳癌及婦科癌病友，因此我在這裏跟大家分享一下，中醫學是如何看乳癌和婦科癌的發病。總括而言，可歸納為四個原因：

1. 臟腑虛損，沖任失調：**臟腑功能失調，正氣虛損，邪氣留滯，以致氣滯血瘀，痰凝毒聚而發為乳癌和婦科癌。**

2. 情志內傷：**情志抑鬱，氣滯日久，必有瘀血，逐漸形成腫塊，日久發為乳癌和婦科癌。**

3. 飲食失調：癌症的發生，不外乎「痰、濕、瘀、毒、虛」，「脾為後天之本」、「脾為生痰之源」，脾胃功能失調則痰濕內生，氣滯痰凝而發為本病。

4. 外邪侵襲：對於外感，中醫稱風、寒、暑、濕、燥、火為「六淫之邪」，這些原因引致邪毒蘊結於經絡，日久發為乳癌和婦科癌。

其實早在明代薛立齋醫師在《女科撮要》中已提到：「夫經水，陰血也，屬沖任之脈所主，上為乳汁，下為月水。」隋代巢元方醫師在《諸病源候論》亦記載了：「…沖脈、任脈為十二經脈之海，皆起受於胞內…」，意思是沖任二脈，均起於胞內（即小腹內的子宮及附件），在胸中相聚，上行為乳汁，下行為經水。因此，乳房的生理病理，跟月經的盈缺及調節有關。

行醫十多年來，診治了不少乳癌和婦科癌病友，以我經驗，當中大部份跟情志內傷有關，都不外乎是長時間心情煩躁、情緒低落、生活緊張、或長期失眠等，以致氣滯血瘀，日久逐漸形成乳癌和婦科癌。若以現代醫學用語，情志內傷即心情不佳而影響到賀爾蒙分泌失調等問題。人人都會經歷情志所傷，就算我都會有心情煩躁、情緒低落的時侯，但患病與否，重點是長時間的影響，所謂日久，即氣滯血瘀一段長時間，逐漸形成癌症。

清代醫師尤乘在《壽世青編》提到：「藥之所治，只有一半，其一半則全不繫藥力，唯要在心藥也…以心藥治七情內起之病，此之謂療心。」即聖經中所述「喜樂的心，乃是良藥」，醫治疾病最好的良藥，是自己開心的情緒。正如展晴社的宗旨，大家彼此鼓勵與關懷，能讓患者正面看事物，提高戰勝疾病的信心，積極配合治療，便能早日康復。

最後，祝願展晴社在未來的日子中會務昌隆，所推動各會務及舉辦各類活動一切順暢，服務同路人及社會人群的理念，更加發揚光大。各會員身體健康，萬事如意。

嚴韻詩 博士
註冊中醫師

乳癌的中醫調理

中醫認為,腫瘤的發生與發展是機體的整體功能低下和不足,致使對潛在的腫瘤細胞缺乏免疫監視或殺滅,致使腫瘤細胞迅速增加或擴散,這就是為何中醫治療腫瘤以「扶正祛邪」為原則,在配合中西醫的腫瘤治療上,增強機體功能為中醫學所擅長的。

中醫「不治已病治未病」,是因為中醫懂得未病先防、已病防變、癒後防復,在預防、患病、和癒後均有著不同的角色,利用不同的治療手段,幫助患者渡過一個又一個難關。

乳房是肝經及胃經經過的,尤其是長期精神緊張,心理壓力過大,七情所傷,情緒受困,加上臟腑失調,包括氣虛、血虛、鬱熱、瘀血、痰濕等,使正氣虛弱,引起肝氣鬱結,以致癌變的條件增加,通過病理反射或內分泌功能失調,形成癌瘤。故此,良好的精神狀態也有著防治腫瘤的作用。

另一方面,癌症的患者必需保持均衡飲食,提高免疫力,預防營養不良,減輕因治療而產生的損傷及副作用,促進細胞組織的重生和傷口的癒合,也能增加對治療療程的耐受性,確保療程順利完成。

乳癌的治療目前以西醫療法優先,對於早期乳癌,大多以手術為主,再根據病情在術後以中藥調理體質。中醫認為手術易傷氣耗陰或者失血、脾胃失調,所以在治療前應保持健康飲食,維持體重及降低受感染風險,可飲用營養飲品;而在手術後多

以健脾養胃、益氣育陰、滋腎補血為原則，可以以五指毛桃、黨參、石斛、枸杞子、桂圓、猴頭菇、海參等食材，根據體質症狀，調理手術後的不適。

第 II 期乳癌患者通常有腋下或乳內淋巴結轉移，多以手術配合常規電療，有時需要合拼化療治療。治療期間則宜少食多餐，以及進食高熱量和蛋白質豐富的食物，可以的話適合進行輕度的運動，改善食慾、幫助消化和腸胃功能。故此，在電療、化療後可以用中藥調理和減輕電療和化療的副作用。

電療常見為皮膚與黏膜、神經、消化及造血系統的副反應，皮膚或出現紅斑、色素沉著或脫屑、瘙癢、毛髮脫落、水泡或黏膜充血，甚至頭暈眼花、疲倦乏力、口乾口苦、惡心嘔吐、白細胞與血小板減少、或貧血，中醫多以清肺滋陰、養胃健脾、益氣補腎為治療原則，常用花旗參、雪梨、竹蔗、茅根、馬蹄、沙參、玉竹、麥冬等；而研究顯示，黃蓍、女貞子、枸杞子、龍眼肉、大棗等有補血和提升白細胞的作用。

第 III 期乳癌患者因腫瘤侵犯的範圍較大，可先進行電療、化療，待腫瘤縮小後再做根治手術，術後再繼續接受電療、化療。而中藥則可以減輕電療和化療的副作用。化療的毒性作用和不良反應容易造成機體的損害，通常對造血系統的抑制為多見，使白細胞減少，紅細胞及血紅蛋白減少，血小板下降，貧血，同時多見煩熱、口乾、易怒失眠、口腔潰瘍等。中醫多以滋陰補血、健脾補益為主，多常用枸杞子、海參、淮山、五指毛桃、黃蓍、烏雞、豬骨、豬肚、陳皮、木耳、阿膠、續斷等以提升及恢復造血功能。

標靶治療則出現不同症狀和不同程度的副反應，例如：手足感覺麻木異常、消化道反應、胸悶心悸、出血或氣短等，故此，中醫師會跟據不同標靶藥物所致的各種副反應，進行辨証配膳，包括和血通痹（川芎、桂枝、赤芍、紅花等）、健脾疏肝，調和

脾胃（薏苡仁、淮山、蓮子、茯苓等）、溫補心陽，行水化氣（黃蓍、合桃、蓮子、百合等）、清肺養陰，涼血止血（生地、藕節、白茅根等）、益氣養陰（南北杏、沙參、龍脷葉、玉竹等）。治療後康復期間，應保持均衡飲食、維持健康生活，避免煙酒及適當運動；而且當定時覆診，以觀察病情變化。

第 IV 期乳癌因癌細胞已有遠處轉移，應以保守療法為主，需要時以局部電療、化療減輕症狀及痛苦。中藥則可以提高患者的體力及免疫力，幫助減輕病情及治療帶來的不適，因此中藥在保守療法中有重要的作用。如遇口乾，可進食較濕軟食物，如：豆腐、蒸蛋、湯粉、粥等，另外可食用生津食物如羅漢果、蜜糖、

烏梅、竹簾、馬碲等；易脹、噁心欲嘔需少食多餐，進食室溫食物，可嘗試食用薑或酸薑以止嘔和增加食慾，避免進食產氣食物，如：洋蔥、椰菜、豆類、蕃薯、奶類或有氣飲品；便秘可多食高纖食物，刺激腸道蠕動，減少便秘機會，多進食蔬果，也可以嘗試食用紅米飯、八寶粥、蕃薯粥、芝麻糊等；化療後脫髮可食用熟地、女貞子、墨旱蓮等養陰益血；治療後手腳麻痺可以按壓穴位，如：曲池、外關、合谷、足三里、三陰交、太沖等幫助舒緩症狀。

總括而言，因應各人體質不同，乳癌患者應諮詢中醫師，以獲得最適合的治療意見。

鄧姑娘
癌症病人資源中心

心中晴

記得不少病人在剛患乳癌或婦科癌的期間，多少次在小組內哭成淚人，心中鬱結遲遲未能解開⋯

「孩子還小，我如何可以離開人世呢？」
「我才剛結婚，怎可以因治療而失去生育能力呢？我覺得自己好冇用！」
「我已不是一個完美的女性，丈夫沒有說，但我知道他會嫌棄我，我已不像以前了⋯」
「我真是沒有信心能捱過這樣辛苦的化療和放射治療，我很害怕。」
「我這樣年青就得了癌症，癌症會復發的，我究竟還可以完成我想做的事嗎？我還可以結婚、拍拖嗎？」

後來，看着他們如何鼓起勇氣，靠着家人和別人的支持，終於熬過去。我懂得現在展晴社內的每張笑臉、燦爛的笑容都不是輕易賺回來的。

除了專業人員提供的資料和開解外，我真真切切感受到展晴社是一個互相幫助的大家庭。她們互相陪伴渡過不少風雨患難，由哭到笑，由璀璨多姿的生命到生命劃上句號，他們都是緊緊攜手，同哭同笑，互相支持。

展晴社 —— 這個家中的姊妹，因着有共同的遭遇，在頑疾中共同掙扎過，彼此有了共鳴，故能真誠相對，付出不問回報的關懷，一起去尋覓失去了的希望。她們發揮了崇高的情操，就是

「在患難中相扶持」，這是值得我們致敬的。

我感到欣慰的不只是看到展晴社不斷的進步，而且更看到不少重生的生命。這些康復者雖然經歷癌症的洗鍊，但反而對生命有了新的演繹，她們現在更懂得珍惜和活得更有意義，而且時刻發放着充滿活力的生命氣息。

祝願展晴社能繼續努力，將每一段生命見證成為一盞盞不滅的明燈，不斷地燃亮在漆黑中經歷困難絕望的人，去跨越以後每一段人生，彼此心中都擁有一片晴天。

「人生有甜酸苦辣，又光又暗，但有同路人陪伴，苦澀會減輕，甘甜會加倍。」

（原文錄自展晴社特刊）

張佩蘭　女士
香港防癌會義工服務委員會主席

人間愛展晴

「莫道風霜使我身受損，冷雨灑遍但從未説倦。風吹不息迫我心逆轉，憑著信心堅決未會變。⋯⋯.」

我很少聽粵語歌，卻特別喜歡「展晴社」這首會歌《展望晴天》。每次聽着它，便想起展晴社的姊妹，一班經歷過癌病打擊仍站起來的勇士，她們不畏癌病帶來的風霜冷雨，昂首面對生命挑戰，更將關愛延伸到更多患癌病的人。我也是癌病過來人，患的是鼻咽癌，有説巾幗不讓鬚眉，我認識的展晴社姊妹，可以説巾幗更勝鬚眉。

那個女人不愛美？那個女人不重視家庭？乳癌不單帶來外表的缺陷，一旦癌病威脅生命，家人可能頓失支柱！她們是丈夫的妻子、孩子的媽媽、父母的女兒。每次聽他們談起患癌的遭遇，便想到人間的苦，可以比癌病更教人痛心無奈。

但面對癌病帶來的震撼，她們沒有坐困愁城，反而勇敢的走出困境，更攜手為己為人開拓生活無盡的生機。每次看見她們容光煥發、或悉心打扮、或清粧便服，任誰也看不出她們曾經和癌病作生死搏鬥。

令人喝采的是她們於會慶或活動中各領風騷、盡顯身手；有化身成天橋上的「靚模」，一顰一笑，盡顯自信風姿；有回復主婦角色，拿起鑊鏟比拼廚藝；有練得一身舞技，大夥兒翩翩起舞；有親手製成亮麗的飾物及精美的餅食，作慈善售賣競投。令人折服的是她們於癌病有關的會議上，踴躍發言、旁徵博引、

從容不迫，大有將相風範。令人感動的是對困境的病友，她們不辭勞苦，送飯送湯送關懷。令人敬佩的是現實生活中的她們，在肩負着支援癌病人使命的同時，亦揹起她們的家、她們的工作、及癌病帶來的障礙及隱憂。無怪有說每位成功男士的背後總有一位女性；她是賢慧的妻子、是慈愛的母親、或是孝順的女兒。

「展晴社」25歲啦！一邊回顧着我們一起的片段，一邊聽著展晴社姊妹合唱的會歌：「縱使一生幾多得失轉變也會有出路，同渡風雨願風過後見晴天，有天相分相親相愛情永牽，歡笑面同行心聲相照應。」心中燃起無限的敬意；她們不單唱出癌患者的心聲，更活出人在逆境自強不息、守望相助的精神。能夠認識她們，從她們的奮鬥學習欣賞包容，及對理想的追求和堅持，是我的福氣。

欣逢「展晴社」創會25周年，令我想起詩人李商隱之「天意憐幽草，人間重晚晴」，人生每一刻都有值得珍惜的人和事，願借用為「天意憐幽草，人間愛展晴」，與各位共勉！

張嘉華　先生
《展望晴天》作曲作詞人

會歌創作感言

在這先恭喜「展晴社」25周年紀念，一個病人互助的義工團體，能夠發展至今日的規模，真是一點都不簡單，證明了有很多人以無比的愛心，無私的精神，付出了無限的努力，才能有今天的成就。

最初接觸「展晴社」，是由我在歌唱班認識一個女學生開始。她為人心地善良，斯文有禮，每次跟我說話都總是會恭恭敬敬，給我有未語人前先覥靦的印象。從她的眉宇間，總覺得她經歷過很多，背負著很多。

一天，她邀請我為展晴社義務作曲，才知「展晴社」是一個乳癌病人互助的義工團體。因覺得她們以過來人身份幫助其他病友，非常偉大和有意義，便毅然答應了。可能當時她不想給我壓力，就說不急的，而且沒限期，我喜歡幾時交貨都可以。就是這樣，「沒限期」三個字，就給了我的惰性一個好好的避難所。

其實首曲已作好了很久，但歌詞一直未完成，如是者，就擱了一年多。突然有一天，收到她再次病發，入了醫院的消息，心底一寒，深感世事無常，很擔心她的病況，更怕答應了人家做的事情無法完成。對於她的病我無能為力，心想唯一可以為她

做到的，就是盡快寫好首歌以作鼓勵，於是馬上積極去完成。幸好，吉人天相，她再一次證明身為十大再生勇士並非浪得虛名。

《展望晴天》一曲是用作鼓勵病人們積極樂觀面對人生，有多位義工朋友聽過首歌後，都表示非常喜歡覺得很有共鳴，初時我以為她們只是客氣而已，但在某次展晴社的周年晚會上，第一次聽到病友分享她們的心路歷程。其中一位女士說：她原本覺得世界一切都美好，患病後頓感人生很灰暗、很沮喪，後來終於想通了，打開了心窗，重新找到了人生的方向，勇敢面對人生。剛巧，這些都跟我寫的歌詞不謀而合⋯⋯「世間色彩繽紛，不過也有灰暗，明白冷暖交替便叫人生，學會打開心窗，找到你我方向，存活每天充滿樂場。」

我深感榮幸能夠為「展晴社」出了一點力量，也希望能帶給病友多一點鼓勵，一起展望更美好、更晴朗的明天。更願將來有藥物能消除一切癌症，讓所有人免受其害，人人健康快樂。

第五章

照顧者的感與受

配偶照顧者：

陪著妳走......

——然

「從今天開始，無論是順境或逆境，富有或貧窮，健康或疾病，我將永遠愛妳、珍惜妳，直到天長地老。」當太太患病後，這句結婚時的誓言，不斷在我腦海裏出現，作為一個丈夫照顧者的角色，特別另有一番滋味在心頭。

回想由恐懼、擔心，到今天能勇敢面對，我們倆夫妻實在是經歷了一連串的考驗。

記得陪太太第一次在醫院見醫生，便要抽針做化驗；後再安排一星期後做多一次抽針；之後再等多一星期才知結果。那個星期大家都非常緊張，因為一天未証實，還有一點希望。其實那個星期我們也不記得是如何渡過，或者緊張的心情會令人忘記一切。

2015 年 12 月 18 日是我們最不開心的一天，因為最後的結果是我倆最不願意聽到的，由醫生口中説出確診乳癌，即一切已成定局！

在證實確診患病那一刻，太太的眼淚已不停地掉下來，不知怎算好，只是哭過不停，而我，卻要勉強地保持鎮定。其實我當時腦內也是一片空白，也不知如何處理，只是和醫生商量手術的安排和各種醫治方法。

作為女性，除了要經歷身體上的痛楚，還會擔心丈夫會介意自己沒有了一邊乳房。而我只想太太能夠痊癒，對於切除乳房我是完全不介意。於是我坦誠告訴她，好讓她安心接受手術治療。

太太在手術期間，我到花店買了一束鮮花放在她的床頭，當她完成手術後，清醒時看見那扎鮮花，她很開心。雖然當時已結婚 15年，但那扎鮮花代表我會重新再追求她，無論健康或疾病，我們都會一起重新開始新的生活。

太太：「當時真的很感動，也給了我很大的支持和鼓勵，因為在完成手術後，便要開始預備安排做 4 針化療和 18 針標靶治療，每 3 星期便要去打針，為期一年。」

相信大家都明白，一聽到要做化療，便想起化療副作用和脫髮問題，這是女性最難面對的。無論我怎樣說，她也會覺得我不明白她，而當時亦未知道醫院有乳癌病人組織的支援。幸好記起我同事的太太也曾經患過乳癌，於是找她分享，太太與她溝通後終於釋懷，真的是同路人講一句，勝過我講十句。所以，同路人的分享是很重要呢！

至於化療脫髮問題，我鼓勵太太先把頭髮剪掉。因為當化療後，看見頭髮不斷脫掉會產生恐懼，所以先把長髮剪短，短髮再剪成平頭裝，待頭髮甩掉的副作用出現，也會比較容易接受。而這段時間她選擇了戴假髮，有時則配戴舒適透氣的頭巾或心愛的帽子，她常說比自己的真頭髮還漂亮！

至於食物方面，我也有問醫生的意見，亦會去聽不同講座。我沒有刻意要太太戒口，因為知道在化療過程中，通常病人都會沒有胃口，所以這段時間只要她想食的，我都會給她吃，只希望她的身體可以夠營養去應付化療的療程。

當太太完成所有治療後，我們也漸漸恢復正常生活，如常逛街睇戲，食她喜愛的食物。有空就乘搭飛機去旅行，但我會留意她不能夠拿太重的東西或受傷，因為她有部份淋巴已經切除，怕會出現淋巴水腫的情況。

太太：「事實上，與同路人分享，的確會安心很多。感恩有你的陪伴和體諒，讓我在抗癌路上不孤單！」

作為一名照顧者，壓力其實也不少。一直以來，我和太太相處融洽，但她在治療期間，情緒變得起伏不定，有時會大聲責罵我，

令我覺得不是味兒，更有點氣餒，甚至想過逃避。不過，看到她在身體和心靈上所承受的痛苦，我也感到難過，於是主動詢問同路人照顧者，也不斷找尋關於如何照顧病者的資料，經過一番努力，終於明白到她現在的需要和感受，亦多了一份諒解。

為了更好照顧太太，當然亦會正視自己的壓力，有時我會做一些自己喜歡的事，例如在海邊聆聽大自然的聲音或聽聽音樂，或靜靜地吃個下午茶，讓自己放鬆一下心情。

太太：「照顧者和被照顧者確實應要互相體諒，互相關心，共同面對。」

但願大家都能互相守護，與家人、朋友攜手扶持，與病人一起共渡難關，互相鼓勵，陪著妳走 ......！

但願陪著妳走，
共渡人生下半場

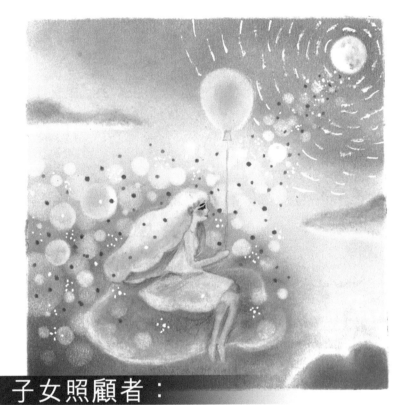

子女照顧者：

我的媽媽病了

——愛

我有一個很讓人羨慕的家庭！

有個工作穩定顧家的爸爸，一個温婉嫻淑持家有道的媽媽，一個年紀比我小四歲的弟弟；父母很疼愛我們，我倆就像温室的小花，一家人温馨和諧，是個典型的小康之家。

2016 年是對我人生最大衝擊的一年。記得那年一月，媽媽如常地進行每年一次的身體檢查，然後拿報告。誰知那次收到醫生通知，要我們一家人即時要去見他，突如其來的信息，我也感到心知不妙。

那時正值冬天，一陣凜冽刺骨的寒風吹在臉上，心中寒意升起，手腳也跟著冰冷，真不知是心中寒意、還是寒風冷意，心中有點不安，有點迷惘！

約了爸爸和弟弟，一起到達約定的地方。見到媽媽出奇平靜地望著我們。我們仨人互望了一下，心中卻是疑惑，醫生請我們坐下，然後說：「你們媽媽的驗身報告剛剛出了，確診患了乳癌，而且情況有點特別，所以請你們一起來。」

我們聽到這消息，真的有點不敢相信，什麼？乳癌？從未想過她會患上這病，因為她平時吃得很清淡，定時運動又注意身心靈的健康，怎會有乳癌？自己剛讀完書工作，弟弟還在唸書，爸爸又要工作……如果媽媽有事，怎麼辦？腦海中倏然浮起了很多問題，使我不知所措。

「你媽媽罕有地患上不同乳癌，右邊乳房是原位癌，左邊乳房是 HER2 型乳癌，即是比較惡的癌細胞。現在需要的醫治方案，是先做手術把癌細胞切除，然後做化療，電療，打標靶藥和食荷爾蒙藥……以減低日後復發風險。」醫生繼續熟練地說著，我們也只是皺著眉頭聽著（後來才知道乳癌是分有不同種類）。我們不知該怎樣反應，只是聽從醫生指示，跟著建議安排。

在等候媽媽做手術的日子，是一段十分折騰人的時間。我也不斷地找尋不同的資訊，及各方面相關的知識；但網上實在有太多資料，一時也分不清楚那些是正確的方法還是偏方，最後我們決定只聽從醫生和護士的專業意見。那時剛入社會工作，家中角色突然改變了，因為媽媽那段時間，身子很虛弱，不能讓她操勞，家務便落在我和弟弟身上。

此外，有時又要陪她覆診，打針，都會感到有點身心俱疲。但看著她在化療後頭髮掉下來，特別是女性，真教我暗自心痛，相對我的一點累，不足掛齒。

媽媽：「感恩有你們對我的支持，使我在這段時間，得著很大的安慰！」

幸有身邊的親人朋友，都在這時候伸出援手，前來協助，倒叫我可以放鬆一下心情，作為女兒和照顧者，由當初對家務一竅不通，到現在手到拿來，當中經過多少歷煉。雖然媽媽生病了，但我們一家人一起陪伴經歷，令我們彼此更加珍惜對方，關係更加緊密，我們也成長了。但願媽媽身體健康，每天都開開心心！

雖然媽媽病了，

卻拉近了我們的距離，
更珍惜對方。

展 晴

姐妹照顧者：

姐妹情深

——群

我家共有四兄弟姊妹，而我和姐姐則是最小的倆個，所以自小我倆的感情特別要好，無論以前在家中，或是結婚後，我們都保持著緊密的溝通和聯絡，特別自父母去世後，姐姐在我心中便成為了唯一最親的人。

當知道姐姐確診時，第一時間想到的，是替她減輕家務工作，因為姐夫是一個不善照顧人的人，而我亦是一個「無飯煮婦」，只可找人來幫她做家務和煮飯，但姐姐是一個很堅強的人，不想我們擔心，也不要我們安排人來幫她。

何解姐姐會有這個病？自己不停地反問著。可能是姐姐自小在家中，有什麼問題都會藏在心中，結婚後又遇到相夫教子問題困擾，導致常常不開心，情緒困擾等問題。

所以我會有一種扛起照顧姐姐責任的使命感，特別是在姐姐患病後，我委實擔心，所以她想做什麼便陪她做，想吃什麼便陪她去吃。

姐姐：「幸好有妹妹陪伴和鼓勵，使我有力前行。」

作為姐妹的照顧者，也曾經在坊間尋找過有什麼資源可以幫助，可惜沒有找到合適的資料，可以指導或得知怎樣去照顧乳癌患者，這使我感到徬徨和不知如何是好。

這時唯有陪伴著姐姐，幸好找到展晴社的義工，這是很大的幫助，因為她們能以同路人的身份分享經驗，對姐姐有很大的支持和安慰。

除了患病者擔心，照顧者的壓力其實也很大，因有時病者會說些負面說話，但在照顧者角度，聽後其實都很難受，但又不可以在她面前說些晦氣話或是申訴，致使形成很大壓力。故此，希望患者不要自怨自艾，照顧者又可明白病者的辛酸。

幸好姐姐很堅強，所以我也不算是太辛苦，但無論如何，有過來人的分享，給予指引，是對我們很好的幫助。

姐姐：「得到妹妹的幫助，增強了信心去面對疾病。」

而姐姐現在的生活也多了運動，會積極地面對生活；而我則主要是聆聽、慰問，多一點關心，但又不會婆婆媽媽，問長問短，令人感到煩厭。當知道病人服食的藥物，可能會帶來情緒反應問題，就能明白諒解和接納，對彼此都有好處。

希望能做到多一份關懷，少一份埋怨，互相彼此珍惜。但願每個人都身體健康，生活愉快開心。

妳的陪伴和鼓勵，

使我有力前行，

看見曙光。

第六章　義工經驗同分享

轉念 ── Cindy

「你為什麼當義工？」
「懷着感恩的心，多謝別人給予助人的機會，抱着學習的態度，以修正自己的不足。」在傾心茶聚中我是這樣回答的。

回家途中，我思量著這問題，腦海中卻出現了二幕情景…

第一幕是一個講座中，講者說：「一次我應邀對醫護人員演講，他們在人手極度不足、工作排山倒海、有許多醫療失誤的投訴下，壓力是很大的，每天工作是苦的。我建議用使命感來看待自己的工作 ── 忙得透不過氣的香港人無暇照顧患病的家人，把他送到

醫院來，就是你們，悉心照顧他們的心肝寶貝，讓他們康復出院，你看這多有意義！在他們心目中，你便是守護天使、菩薩。」哇！好厲害，一轉念，竟化苦為樂，一切唯心想。

第二幕是舊同事的茶敍，他是天主教徒，憶述一次德蘭修女訪港，有幸親睹她的風采，和她握手，感覺卻是握着一根柴，又硬又粗糙，猛一抬頭見她凝視著自己，那慈祥的笑容、充滿無比關愛的眼神，觸動了她的心！回家後立刻追查她做出令舉世震驚義舉的原因？原來她是馬其頓人，有一天在路上聽到有一把聲音呼喚，就是要去印度傳教，並成立一所收容垂死及無家可歸者的「清心之家」，照顧被社會遺棄及冷漠對待的痲瘋病人及貧困者。

「她何解會肯去做？」我追問答案是什麼？
「是恩寵」舊同事回答：「因為只有她聽見，別人卻沒有！而德蘭修女亦因她的無私奉獻的成就被封為聖人。」

她原可以過舒適安樂的生活，卻選擇了跑到老遠落後的非洲國家，服務最低層的人，面對的是骯髒、蓬頭垢面、情緒極度低落的流浪垂死者。我們眼中，幹着厭惡性工作的她一定笑不出來；事實卻相反，懷着「恩寵」心態的德蘭修女卻用笑容溫暖了流浪垂死者的心，替他們洗刷乾淨，令他們很有尊嚴地離開這世界！德蘭修女就是他們的守護天使。

現今的人，置身於天災人禍頻繁的年代，工作面對激烈的競爭，由於溝通少，家庭欠和諧，健康方面有各種癌症及都市病的威脅，的確很苦。事實上，外在的環境和人你沒法改變，可以改變的只是自己的想法，換個角度，凡事從正面積極的觀點看，自己既活得開心，身邊的人亦因有了你，一切變得較美好，從而締造豐盛有意義的人生。不需花一分一毫，只要轉念，苦海化為樂土，何樂而不為？

（原文錄自展晴社特刊）

展晴我說 —— 劉謝錦霞

「展晴」是一個很好的名字，它代表了希望和美好，走過了陰霾的日子和經歷過艱辛的磨練後，晴天在望，使我們一眾乳癌及婦科癌康復者能夠重新振作，重拾笑顏，欣然及輕鬆地重返社區，學會懂得欣賞和感恩，珍惜所擁有的，享受美好的人生。

以現今的科學昌明，癌症並不可怕，因為醫療技術發展一日千里，只要積極配合醫護人員的醫療方案，放鬆心情，接受現實，大部份患者的病情總可以得到控制，甚至達到完全康復的願景。

雖然，治療過程總是甚具侵略性和漫長的，期間總有跌跌撞撞的情況，除肉體要承受手術和隨後相關輔助治療所帶來的創傷外，心靈上遇到的惶恐和憂慮，更令人擔憂。而克服過程是要有優質的心境和樂觀的態度、尋求和接受別人的幫助，是邁向康復的正確良方。因為癌症康復者以過來人的身份，對新症病人提供各類的關懷、朋輩支持和分享服務、樹立積極的良好榜樣和模範，正正就彌補了專業支援未能達到的分享服務，從而互相配合。

我深信自助組織的成功，有賴各成員的互相信任和諒解，摒棄個人榮辱，因應本身的能力和經驗來參與組織的服務。深切盼望展晴社各會員能夠繼續發揮無私奉獻的精神，快樂地在助人自助的過程中，獲取滿足感和自我肯定；透過終身學習，不斷成長。我對展晴社的發展，充滿希望。

（原文錄自展晴社特刊）

委員義工分享

內務組

要騰出大量時間處理日常頗為繁重的會務之餘，更要在短時間盡量適應和配合各委員不同的處事方式，實在有賴我們都擁有同一信念，深諳生命是一份來自上天的特殊禮物，同時也懷著一顆謙卑願意學習的心，不斷尋求突破，拓展會務，並樂意為每位同路人和會員提供不同的關懷照顧服務，實踐助人自助的精神。

財務組

展晴社每年發表的財務報告，雖已如實報導財政狀況，但卻不能完全反映展晴社的真實價值，當中未能盡錄的還有：
支出：義工們無私付出的關懷及時間；
收益：義工服務為病人帶來無盡的歡欣與釋懷；
資產：義工們充滿無限的愛心。
希望各姊妹能繼續團結一致，互相包容，發揮無私奉獻精神。

外務組

我們常常戴著「展望未來，晴朗每天」的光圈，出席大大小小的工作會議，每次都會令我們增廣見識，獲益良多。禍兮福之所倚，生命本是無常，沒有過去，哪有今天？懷著開朗的胸襟，保持良好的心態，回饋給社會。願我們全體會員凡事感恩，常常喜樂，身心健康！

朋輩組

當我們遇到人事上問題或服務步伐有差距時，只要大家理念一致，將助人自助精神延續，深信問題必會迎刃而解。生命長短不由我們控制，所以我們更應活在當下，珍惜每一刻鐘。愛，就是彼此珍惜，互相扶持鼓勵。願各位姊妹有豐盛的人生，每天都健康和快樂。

聯絡組

每位義工都緊密配合與包容，無私的奉獻，幫助患者堅強的面對，帶給同路人信心和希望，讓我們把這份義工的情懷，獻給每一位朋友。因為有每一位會員的存在和支持，使我們有機會學習和成長，並開始康復後全新的生活。

康樂組

大家雖然來自不同階層和文化背景，但都有著共同的理念，用愛心支持，用行動鼓勵患病的姊妹，克服恐懼，積極治療，走出身心的折磨，改善心靈的素質。用樂觀的智慧去支持新症的姊妹們走出苦難的日子，助人自助，一齊為自己加油，為展晴加油！

資訊組

我們以文會友，希望藉著季刊聯繫大家，與會員分享生活及對事物的感受。義工們每季都尋找和預備各方面的資訊與會員分享，如醫學知識、養生湯水及趣味遊戲等。從季刊可得悉展晴社舉辦各項活動，藉此鼓勵會員踴躍參與，充實生活令身心更愉快。

過來人經驗分享小貼士

當確診乳癌時不知所措，面對著前路有點迷惘，也有點無奈，不知怎算，故希望透過我們的經驗，給予一點指引。由於每人反應都不一樣，因此無法盡錄，只把我們經歷過的寫成小貼士，以供參考。

手術篇

1 保持冷靜，只須躺在牀上，由醫生處理，手術很快完成。手術後麻醉藥未散，個人感到虛弱是正常的。

2 口乾就用水濕濕口唇，直至醫生批准飲食。

3 手術後通常都有血水引流，姑娘會為你清洗，最好穿扣鈕的睡衣，方便檢查傷口。

4 情況許可便把手術那邊的手放頭上，做輕微拉扯動作，避免傷口癒合影響手肩的活動能力，但要小心，量力而為慢慢來。

5 做爬牆動作，以保持肩膊的活動能力；做握波動作，加強肌肉訓練。

6 若傷口表面已埋口，除紗布後，可用兩隻手指輕輕按壓，以保持肌肉的彈性，當然要小心。

7 手術後，手術那邊的手不能舉起，不要驚，聽從醫生指示做爬牆等運動，很快便會恢復手肩活動。

8 一般手術後幾日便可以自己洗澡。若手肩活動不佳不能洗頭，請家人幫忙。

化療篇

化療前預備：

1 心情：保持心境平靜，保護好身體迎戰。坊間有很多諮詢，
暫不要太過理會，免得自己混亂，相信醫生團隊並與
他們合作。

2 假髮：可以揀定一個合適的假髮，最好揀選跟自己開針前
近似的髮型，現時的假髮仿真度很高，配戴後也很
自然。

3 綉眉 / 飄眉：化療時有機會全身毛髮會脫落，包括眉毛。若
覺得需要，可以在化療前先去整理眉毛。

4 洗牙：因為化療時白血球會偏低，整牙會增加感染風險，
所以盡可能在化療前去洗牙補牙。

化療中：

1 通常是先在手背打豆，然後滴藥水入身體，大約 1-4 小時，
視乎份量而定。

2 因落藥時有些人會覺得很凍，最好携帶外套及穿著舒適的
衣服。

3 化療當日不要塗潤手霜，以免皮膚太滑，影響落針位置。

4 保持胃口，吃喜歡的食物，這段時間不用戒口，因要增加
能量。

5 因為抵抗力弱，容易感染，不要吃未經煮熟的食物；生果
要清洗乾淨，最好食厚皮的生果如橙，香蕉等。

6 化療藥會令身體變燥、熱氣、喉嚨乾,最好注重排毒和清熱,可煲羅漢果水、雪梨水等滋潤茶水。注意飲足夠水份,有助排走毒素。

7 如白血球不足,有人會用花生衣煲水。

8 習慣使用公筷,免互相感染,病人用的食具一定要乾淨。

9 通常在第一針尾便開始脫髮,可預先找位稱心的髮型師剪短頭髮,免得突然大量甩頭髮而受驚嚇(癌症基金會或醫院的癌症資源中心等機構,會有假髮免費借用,詳情可先致電查詢)。

10 若晚上瞓覺時感覺頭頂凍,可以戴頂舒服的帽睡覺。

11 由於化療後身體內有毒素,在如廁後,最好要放下蓋板冲廁,並用消毒噴劑。

12 保持心情開朗,加強抵抗力。

化療後:

1 要戴口罩保護自己,特別在街上,家人最好都要戴口罩,避免影響病人。

2 留意身體反應,感覺疲累便睡覺,家中事務交由家人去理,自己要放鬆。

3 完成所有治療後,有些姊妹會找乳癌中醫調理身體。

4 參加同路人活動,可以互相分享、支持和鼓勵。

電療篇

1 電療感覺比較輕鬆的，先會確定電療位置並劃上記號，到時只須躺在床上，很快便完成。

2 皮膚或許會乾燥，似過度曬太陽後發紅，甩皮情況。電療後，問醫生可以搽什麼保濕產品。

3 洗澡時盡量不用梘液，可用紗巾或毛巾遮蓋電療位置，讓微溫水輕輕流過，把水壓調細免沖傷皮膚，清洗後輕輕印乾。

4 電療期間如口乾，多飲暖水或清潤水，還要補充蛋白質。

備 註

1 少食多餐，免容易作嘔及反胃，飲果皮煲水，有舒緩作嘔反胃情況。多食高蛋白質食物，例如：肉類、魚類、雞蛋、牛奶等等。喜歡可多飲簡單湯水，以清潤為主。份量自行判斷，煲夠一天飲用便可，不要隔夜！

2 每餐之後最好漱口，保持口腔衛生！

3 體力許可情況下，可以落公園散步，舒緩一下心情，幫助入眠！

4 若已做乳房全切，建議配戴義乳，因它有助維持身體平衡和協調作用，減少腰頸背痛等問題！

5 保持平常心，有什麼需要隨時問我們，陪診都可以，有我們姊妹支持，加油！

（這是我們的小小經驗，只作參考，因每人體質不同，詳細情況請自行諮詢家庭醫生。）

第七章

後 記

後 記

「展。晴」終於可以出版了，心情感到非常開心。能夠在這銀禧紀念日子，為展晴社出版一本書，除了回顧過去，探討未來醫護新資訊外，還包括了會員和家屬的分享等等，實在為病人互助組織，添加了一股動力。期望透過本書，可以幫助並鼓勵更多乳癌和婦科癌的病友。

展晴社在這 25 年來，實在有很多特別的故事，但因為篇幅所限，不能把每個故事都寫出來，只能夠和大家分享幾位會員深刻的故事。希望透過我們的經歷，能讓讀者抱持正面的態度，並勉勵其他病友勇敢面對乳癌。

為了出版這本書，我們成立了一個編輯委員會，透過定期開會，收集意見，跟進出書的內容與進度。由於大家都沒有出書的經驗，初時也很徬徨，但憑著大家的一顆熱心，最後也能完成各項工作。就如展晴社最初成立一樣，同心協力為病人提供服務，發揮助人自助精神，以生命影響生命！

146

在編寫及校對書中內容期間，也有一些小趣事，想和大家分享一下。因為疫情，我們很難找到地方工作或開會，所以有時會去餐廳，邊吃邊商討。有一次我和一位義工由中午開始，邊進午餐邊商討研究，可能我們太投入，餐廳的職員也沒有打擾我們。討論正酣之際，職員突然問我們需否點餐？回過神來，原來已經到了晚餐時間，才醒覺有點肚餓，最後一同享用完晚餐才離開，真的是由早吃到晚。原來投入工作是可以令人忘記時間和肚餓。在此，我想再次感謝這位義工和我一起經歷這次特別的約會。

今次能夠成功為展晴社出書，實在有賴各方好友的支持。首先要多謝會員的彩虹故事；另外，謝謝兩位中醫、西醫在百忙之中抽時間出席座談會，透過我們義工記者的發問，講解大家對治療乳癌的意見和中西醫結合治療的看法，讓我們了解更多。除此之外，非常感謝每一位，包括醫生，護士、營養師、專業人士、社

工、演員、同路人、義工、照顧者、朋友等幫忙，為此書寫序、提供專業意見或分享一些關於乳癌手術後需注意事項等等。多謝 Dick 的愛笑文字，楚楚的粉彩畫插圖等，特別鳴謝每位曾經在出書期間，協助出版的義工朋友們，多謝你們無私的奉獻，才能成就此創舉，由衷地感謝你們！

展晴社能夠與大家一起同行廿五載，實屬難得，特別感謝東區尤德夫人那打素醫院、社會福利署、香港癌症基金會、香港復康會等機構，一直以來在各方面的支持及資助。在此多謝委員會對我及編輯團隊的信任和支持，讓我們可以為展晴社留下光輝一頁，願我們一起展望晴天！

最後，感謝每位閱讀本書的你！你們的支持，就是我們的動力，謝謝！

L

第八章

展晴服務簡介

展晴服務簡介

階段一		
剛確診	展晴天地	支援剛從外科醫生得悉惡耗的乳癌病友，讓新症患者與康復者義工面談，加強治癒的信心。

階段二		
手術後	展晴探訪	義工到醫院病房探訪手術後病友，給手術後的病友傳達溫暖的問候和關懷，並送上自製的小禮物及心意咭以表關心。 亦以自身經歷分享康復過程、手術後的護理及預防手腫的淋巴運動等，以增強病友抗癌的信心及減低她們和親人的憂慮。

階段三		當病友遇到情緒低落或治療時帶來的不良反應，可透過電話聯絡朋輩義工得到支援。義工聆聽病友的憂慮，提供情緒援助和經驗分享，解決疑問。
	展晴專線	當病友遇到情緒低落或治療時帶來的不良反應，可透過電話聯絡朋輩義工得到支援。義工聆聽病友的憂慮，提供情緒援助和經驗分享，解決疑問。
	雨後晴空	為新症病人舉辦分享會，義工以過來人身份分享患癌的心路歷程，更安排家屬義工支援患者家屬，協助和分享如何面對配偶或家人的轉變及情緒變化。
治療期間	互心軒	義工在腫瘤科門診陪伴覆診或接受化療的病友，以紓緩她們等候時的憂慮。
	迎新會	透過活動讓同期的病友相聚一起，加強病友間溝通，建立同路人的支援網絡，協助新症病患者適應因病引起的生活轉變。
	愛心組	以愛心關懷為新確診的會員提供支援和鼓勵，並陪伴渡過最難辛的日子，由過來人組長及義工分享經驗，減輕新病者對病患的恐懼。
	關心組	新確診乳癌病友的照顧者及家屬，同樣面對壓力及無助，為一群照顧者建立支援網絡，讓過來人分享如何照顧病者，如何陪伴患者積極面對治療，讓病者和家屬重過正常生活。

階段四		
康復後	小禮物班	由義工導師帶領會員製作小禮物作為展晴探訪之用。同時建立支援網絡，分擔治療期間的憂心。
	知心組	康復後的患者心境和情緒都已較為穩定，與同期的病者亦建立了情誼，成為了知心互助病友及資深會員，更加鞏固彼此友誼，繼續朋輩關懷，互相支持和鼓勵。
	瑜珈班	通過輕柔的動作以達強身健體之效，並可預防手部淋巴水腫。
	易筋經	易筋經復康運動小組是展晴社與病人資源中心及物理治療部合辦的活動，為剛完成化療的乳癌人士而設。展晴社義工會於課堂協助物理治療師教授病人正確的易筋經動作，從而達到預防淋巴水腫的效果。
	其他活動	周年旅行、會慶、遠足健樂行，手工藝班、各類工作坊、節慶聯歡會、地區教育等等。

編著	展晴社（香港）有限公司
策劃	郭蘭香
總編輯	林圖圖
編輯委員會	林圖圖　郭蘭香　黃敏櫻　羅芫杏　Iris　Virginia
顧問	黃敏櫻
校對	M. B. S. Y.
設計	Küchen
粉彩畫插圖	鄭楚楚
出版	印象文字 InPress Books
	香港火炭坳背灣街 26 號富騰工業中心 10 樓 1011 室
	(852) 2687 0331　info@inpress.com.hk　http://www.inpress.com.hk
	InPress Books is part of Logos Ministries (a non-profit & charitable organization) http://www.logos.org.hk
發行	基道出版社 Logos Publishers
	(852) 2687 0331　info@logos.com.hk　https://www.logos.com.hk
承印	領佳印刷公司 Lead Kai Printing Co.
	葵涌大連排道 172-180 金龍工業中心三座五樓 G1 室
	(852) 2422 5539　lkchai@gmail.com
出版日期	2021 年 11 月初版
產品編號	IB709
國際書號	978-962-457-623-8
售價	$108

（本書之收入將全數用作推動展晴社的乳癌及婦科癌患者服務。）

展晴社網頁　　印象文字網頁

捐款表格

我願意捐款支持展晴社的活動：
請在適用空格加上「✓」

☐ 一次性捐款 $ _____

☐ 每月捐款 $ _____

☐ 其他捐款方案，請註明： _____

捐款方法

☐ 劃線支票
   支票抬頭請寫：「展晴社（香港）有限公司」或
「The Brightening Association（Hong Kong）Limited」。

☐ 銀行存款
   捐款請直接存入本社「創興銀行」戶口號碼：
264-20-600074-7。

個人 / 團體資料（資料只供本社內部用途）

姓　　名： _____（ 先生 / 小姐 / 太太 / 女士 ）

團體名稱： _____

聯絡電話： _____

電　　郵： _____

地　　址： _____

_____

_____

1. 請將劃線支票或銀行入數紙，與本表格一同寄往：

> 香港柴灣樂民道 3 號東區尤德夫人那打素醫院東座一樓
> 癌症病人資源中心轉交展晴社

2. 亦可將本表格連同入數紙 WhatsApp 9179 2330 或
電郵至 info@brightening.org

（捐款港幣 100 元或以上，可憑收據申請免稅。）